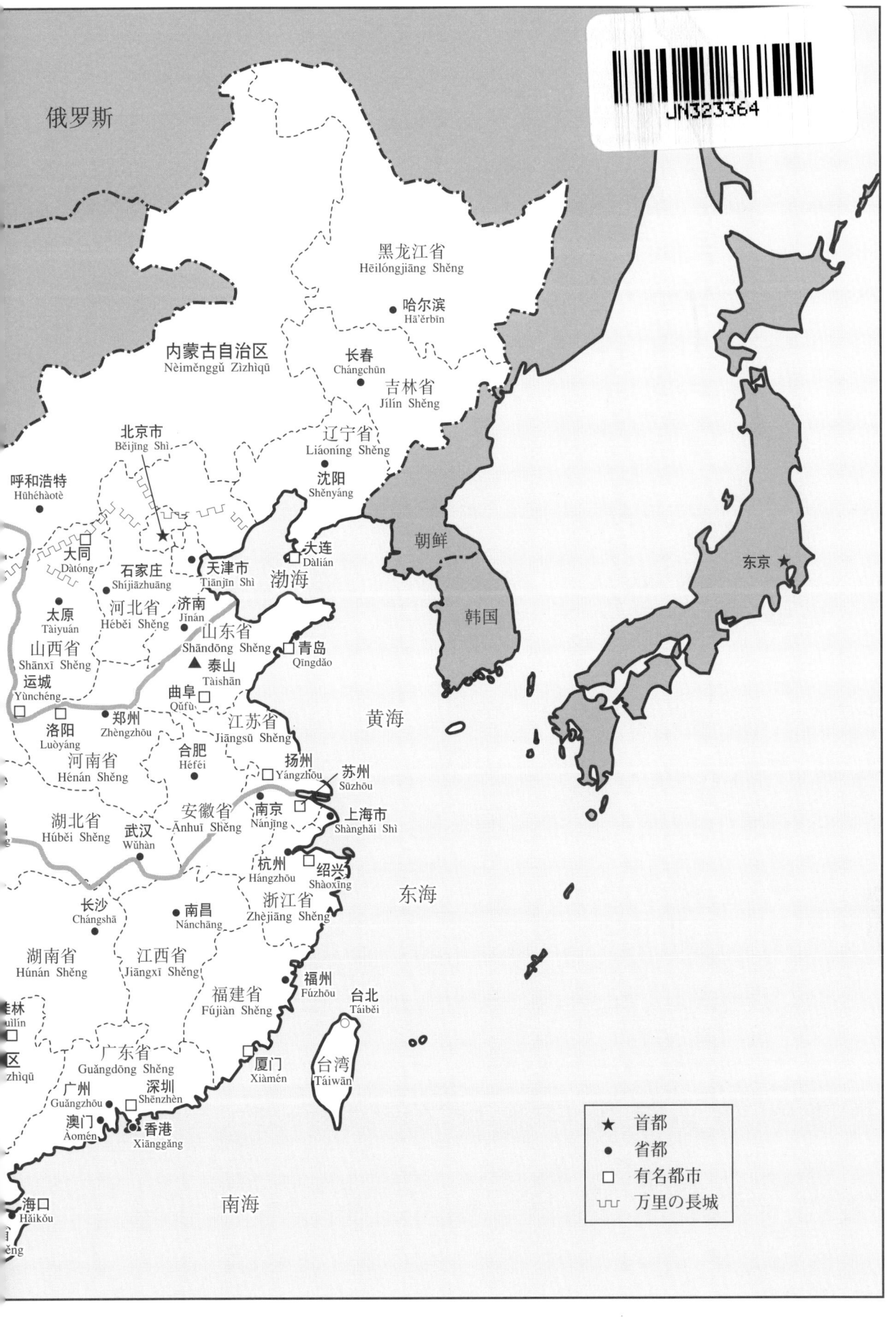

歌で覚える中国語

MP3対応CD-ROM付

山田留里子
長野由季
賀南 〔共著〕

歌 石井英恵
曲 石井健太郎

駿河台出版社
SURUGADAI SHUPPANSHA

＊付属の CD-ROM についての注意事項

・収録されているファイルは、MP3 形式となっております。パソコンで再生するか（iTunes、Windows Media Player などの音楽再生ソフト）あるいは MP3 プレーヤーに取り込んで聞いてください。（CD プレーヤー及び DVD プレーヤーでは再生できません。無理に再生しようとすると、プレーヤーを破損する恐れもありますので、十分ご注意ください。）パソコンやソフトウェアの使用方法はそれぞれのマニュアルをご覧ください。

装丁・本文デザイン・イラスト　小熊　未央

はじめに

　今、世界では多様な文化を持つ人々との触れ合いが増え、複雑な関係も生まれています。その中でも、中国語をコミュニケーションツールとして、共生の社会を築く国際人の育成が求められています。

　「中国語をずっと学んでいるのに、"文章が書けない"、"会話ができない"」というのはよくある話です。そういう中で、「中国語は楽しい」と思える体験を積んでほしいという筆者の願いの中から、生まれたのが本テキストなのです。

　「そう思ったら、すぐに歌ってみましょう！」

　きれいなメロディに乗せて簡単な会話文を歌うことで中国語のリズムが自然と頭に入ります。実際に授業で活用する中、「歌が頭に残って覚えやすい」「早くスマホで聴けるようにしてほしい」といった声が多くあり、学生の自発的な学習に効果的です。ぜひ授業でご活用ください。

本テキストの大きなポイントは、
① 基礎的な発音と簡単な会話が頑張らずにできる。
② 大学の前半と後半授業に対応。
③ テキスト前半で中検準4合格、テキスト後半で中検4級合格。
④ 留学での日常生活のすべてのシーンに対応できる。

テキストの使い方

1. 本文や単語を習う　　2. 実際に歌ってみよう　　3. 練習問題でチェック

　最後に、本書の編集、出版に当たり、姫路獨協大学名誉教授の伊井健一郎先生、並びに駿河台出版社の浅見忠仁氏のご尽力に深く感謝の意を表します。

2015年10月　著者

目次

準4級レベル

発音 　発音(1)、(2)、(3) 6

第1課 　あいさつ 20
　❶ あいさつ　❷ "動詞＋了"　❸ "挺……的"　❹ 副詞 "也"

第2課 　自己紹介 26
　❶ 苗字の尋ね方　❷ フルネームの尋ね方　❸ 年齢の尋ね方
　❹ 数字の読み方　❺ 動詞 "有"

第3課 　買い物 32
　❶ 人民元の単位　❷ "太……了"　❸ 副詞 "真"　❹ "多少钱"

第4課 　換金 38
　❶ "一下"　❷ 動詞の重ね用法

第5課 　タクシー・バスに乗る 42
　❶ 語気助詞 "吧"　❷ 乗り物に関する動詞 "坐"、"骑"、"开"
　❸ 介詞 "在"　❹ 副詞 "先"

第6課 　電話をかける 48
　❶ 連動文　❷ 曜日の言い方
　❸ 副詞 "正在"、"在"　❹ 助動詞 "可以"

第7課 　食事をする 54
　❶ 疑問詞 "哪个"、"什么"、"谁"　❷ 量詞 "份"
　❸ 心理動詞 "喜欢"　❹ "不太……"
　❺ 量詞一覧　❻ 助動詞 "想"　❼ 介詞 "趁"

第8課 　道を尋ねる 62
　❶ 疑問詞 "怎么"　❷ 介詞 "离"
　❸ 疑問詞 "哪里"／"哪儿"　❹ "请"

4級レベル

第9課　先生のお宅訪問 ……… 68
　❶ 助動詞 "能"　❷ 方向補語 "进来"　❸ "好"+動詞　❹ 副詞 "有点"

第10課　病院へ行く ……… 74
　❶ 動詞+"点"　❷ 副詞 "还"　❸ 介詞 "给"　❹ 動作の量の表し方

第11課　旅行へ行く ……… 80
　❶ 助動詞 "打算"　❷ "好" / "难"+動詞
　❸ 動詞 "在"　❹ 動詞 "有"

第12課　ホテルに泊まる ……… 86
　❶ 助動詞 "要"　❷ "是……的" 構文

第13課　トラブル ……… 90
　❶ 方位詞　❷ "在" の三つの用法　❸ 受身表現
　❹ 部屋番号の読み方　❺ ホテルでよく使う単語

第14課　空港・機内にて ……… 96
　❶ 選択疑問文 "还是"　❷ 国の名前　❸ "看" の用法

第15課　手紙や荷物を送る ……… 102
　❶ 時間量の言い方　❷ "把" 構文　❸ 時間の言い方

第16課　友達を励ます ……… 108
　❶ 結果補語　❷ 副詞 "别"　❸ 副詞 "一定"　❹ 副詞 "更"

第17課　中国で旧正月を過ごす ……… 114
　❶ 中国の行事　❷ 呼応表現一覧　❸ 祝福の言葉

付録　～歌おう♪　クリスマスソング～ ……… 120
　♪1　平安夜　「きよしこの夜」
　♪2　我们祝你圣诞快乐　「We Wish You a Merry Christmas」

発音(1)

1. 音節と表記

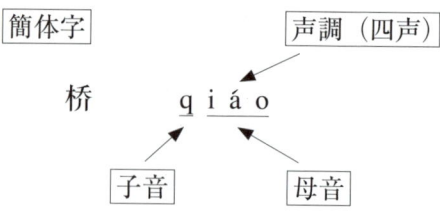

中国語の音節は、子音、母音、声調から構成されています。原則として漢字1字で1音節です。漢字は簡略化された漢字を使っています。"桥"は「橋」の簡体字です。中国語の発音表記は「ピンイン（拼音）〔pīnyīn〕」といい、ローマ字を用いています。母音の上の符号は声調符号といい、その音節の声調を表します。

2. 四声

中国語の共通語には、一つ一つの音節に、固有の「声調（＝高低や上げ下げ）」がついています。このような調子が4種類あり、「四声」と呼ばれています。短く発音する声調のない音、軽声には声調符号がついていません。中国語の音節は、総計400あまりあり、それに四声がついて、約1300になります。

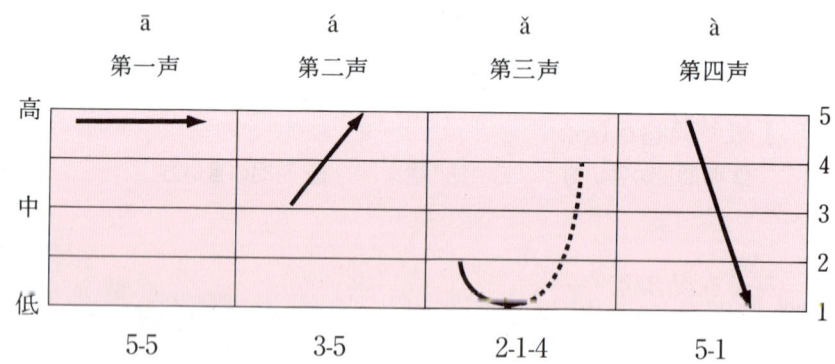

第一声　高く平らに伸ばす。出だしを高く、高さはそのままキープ。
　　　　〔mā〕妈　お母さん
第二声　急に高く上げる。不良が「あ～？」と聞き返すように。
　　　　〔má〕麻　麻
第三声　ゆっくり、低く低く抑える。がっかりした時の「あ～あ」。
　　　　〔mǎ〕马　馬

第四声　高い音から一気に下げる。カラスが「カァ」と鳴くように。
　　　〔mà〕骂　ののしる
軽声　　軽く短く添える。高さは前の音節の声調により発音する。
　　　〔māma〕妈妈　お母さん

　同じ〔ma〕の発音でも声調が違えば、意味が全く違うものになってしまいます。一声で〔mā〕と発音すれば「お母さん」の意味になりますが、三声で〔mǎ〕と発音すると「(動物の)馬」という意味になってしまいます。

　中国語には、単母音、複合母音、鼻母音といわれる36の母音があります。まずは、日本語との違いを注意しながら、単母音をしっかり練習しましょう。

		a	口をやや横に引いてから、大きく口を開けて、明るく発音する。日本語の「ア」よりもっと口を大きくあけて、舌の位置も日本語の「ア」よりもっと下げる。
		o	口を縦に開けるイメージで、日本語の「オ」よりもっと唇を丸く突き出して発音。
		e	口を左右に開き、この構えのままで、筋肉を緊張させながら、のどの奥であいまいな「オ」を出す感じで発音。
		i	唇をできるだけ横に引いて、口の中に音をこもらないよう、上下歯の間で出す感じで発音する。日本語の「イ」より口をもっと横にひらく。
		u	唇を丸くして十分に前に突き出して、舌を低く引く感じで発音。日本語の「ウ」よりかなり前に唇を突き出す感じ。
		ü	横笛を吹く唇の形をして、唇を緊張させながら、「イ」の音を出す。「ユ・イ」と二音節にならないように。
		er	eと発音し、それに続けて舌を後ろにひょいと立てる。「ア・ル」と二音節にならないように。

★ポイント★
〔i〕〔u〕〔ü〕は「半母音」と呼ばれていて、単独で書くときは、頭にyやwをつけます。
〔i〕→〔yi〕　　　〔u〕→〔wu〕　　　〔ü〕→〔yu〕

 3. 子音(1)

中国語の子音は声母といわれ、合計21あります。日本語のような濁音はなく、清音に「無気音」と「有気音」の区別があります。中国語の発音ではこの違いが非常に重要です。

	<無気音>	<有気音>		
唇音	b (o)	p (o)	m (o)	f (o)
両唇を使って発音します。				
舌尖音	d (e)	t (e)	n (e)	l (e)
舌先を上の歯茎に軽くタッチして発音します。				

※子音だけでは音が出ないので、発音練習の時は、（　）内の母音をつけて行います。

★ポイント★
○子音は舌の位置、母音は口の形を大切に発音しましょう。

4. 無気音と有気音

b (o)　　　　　　　　　p (o)
無気音　　　　　　　　　有気音

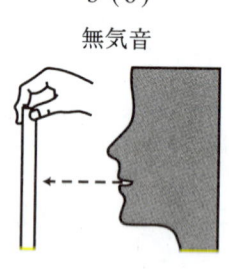

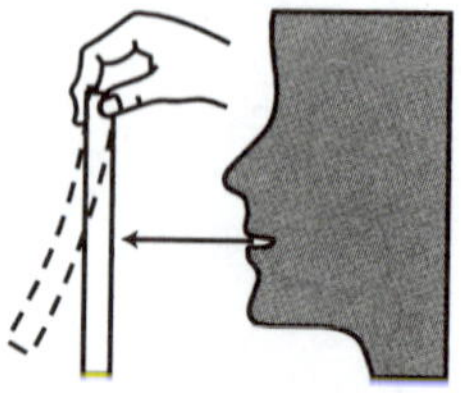

★発音のコツ★
無気音：息を抑え気味に発音するので、息がはっきり流れない感じです。
有気音：息を一瞬止めてから、一気に強く吐き出すように発音します。

5. 母音と子音の組み合わせ

表Ⅰ

	a	o	e	i	u	ü
b	ba	bo		bi	bu	
p	pa	po		pi	pu	
m	ma	mo	me	mi	mu	
f	fa	fo			fu	

表Ⅱ

	a	o	e	i	u	ü
d	da		de	di	du	
t	ta		te	ti	tu	
n	na		ne	ni	nu	nü
l	la		le	li	lu	lü

練習問題

1 四声の練習（リズミカルに発音してみよう）

(1)	ā	á	ǎ	à
(2)	ō	ó	ǒ	ò
(3)	ē	é	ě	è
(4)	yī	yí	yǐ	yì
(5)	wū	wú	wǔ	wù
(6)	yū	yú	yǔ	yù
(7)	ēr	ér	ěr	èr

2 子音と母音を組み合わせて読みなさい。

m — è / ó / ǔ

p — ō / ú / ā

l — ù / ē / ì

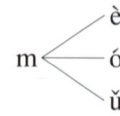

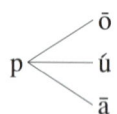

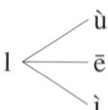

3 発音を聞き、読まれたものと同じものに○をつけなさい。

(1)	mā	má	mǎ	mà
(2)	yū	yú	yǔ	yù
(3)	pō	bō	fō	mō
(4)	nē	tē	lē	dē
(5)	dí	ní	lì	pī
(6)	tā	lǔ	bó	mè

4 ①と②の中から、正しいピンイン表記を選びなさい。

(1)	衣	① yī	② ī
(2)	无	① ú	② wú
(3)	雨	① yǔ	② ǔ
(4)	地	① dyì	② dì
(5)	图	① tú	② twú

1. 複合母音

♪6

　複合母音とは、単母音が2つ以上連なっているものです。いずれも1つの音として発音します。前後の発音の強さの違いに注意しましょう。

＞型	ai　　ei　　ao　　ou 始めはハッキリ、後は弱く発音します。
＜型	ia　　ie　　ua　　uo　　üe 始めは弱く、後はハッキリ発音します。
＜＞型	iao　　iou (iu)　　uai　　uei (ui) 3つの音をなめらかに発音します。

★ポイント★
○いずれも、ひとまとまりの音として、なめらかに発音しましょう。
○iou、ueiは子音と組み合わさると、-iu、-ui と表記されます。発音する時は、表記には現れない〔o〕や〔e〕も丁寧に発音します。

iou → iu（〔o〕省略）　qiú（求）　jiǔ（酒）　liù（六）
uei → ui（〔e〕省略）　huí（回）　shuǐ（水）　duì（対）

2. 子音(2)

	<無気音>	<有気音>		
舌根音	g (e)	k (e)	h (e)	
舌の付け根を意識して、喉に軽く力を入れて発音します。				
舌面音	j (i)	q (i)	x (i)	
舌先は下の歯茎につけたまま発音します。				
そり舌音	zh (i)	ch (i)	sh (i)	r (i)
舌を軽くそり上げて発音します。				
舌歯音	z (i)	c (i)	s (i)	
口を左右に開き、舌先を上歯の裏にタッチして発音します。				

※子音だけでは音が出ないので、発音する時は、( ) 内の母音をつけて行います。

★ポイント★
○j、q、xの後に続くüは、uと表記します。発音はüのままです。
　〔qu〕　発音する時は　〔qü〕

○そり舌音は、舌を軽くそり上げて発音します。日本語になく、非常に発音しづらい音なので、よく聞いてたくさん練習しましょう。特に、舌先の位置に注意しましょう。

zh (i) と ch (i)
歯茎の膨らんでいる所あたりに舌先をそり上げて、息を少し溜めて発音します。息を抑えるように出すと無気音の〔zh〕、強く出すと有気音の〔ch〕です。

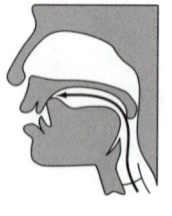
〔zh〕

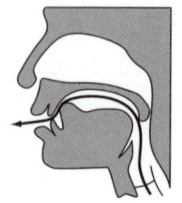
〔ch〕

sh(i)とr(i)

〔sh〕〔r〕はそり上げた舌を歯茎につけず、少しすき間を残しておきます。そのすき間から息を通します。〔r〕は〔sh〕と同じ口の形で、のどをふるわせます。

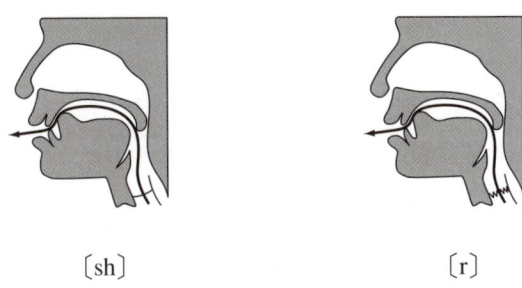

〔sh〕　　　　　　　　〔r〕

3. 軽声

軽声は、本来の声調を失ってしまい、それ自体には決まった高さはありません。その前の音節の声調によって、相対的な音の高さで軽く、短くそえるように発音します。軽声には声調符号をつけません。

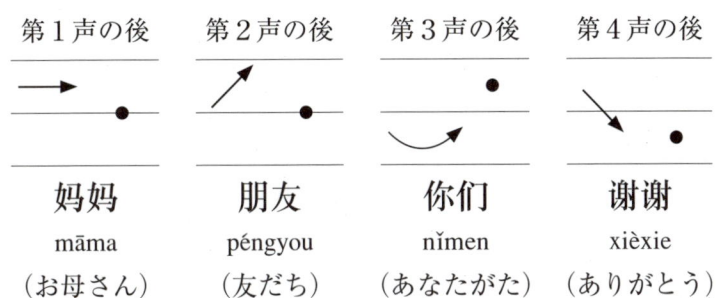

第1声の後	第2声の後	第3声の後	第4声の後
妈妈	朋友	你们	谢谢
māma	péngyou	nǐmen	xièxie
(お母さん)	(友だち)	(あなたがた)	(ありがとう)

4. 声調のつけ方

○母音一つしかないときはその母音に　　pō　nù　chī
○母音が複数あった場合は
　aがあればaの上に　　　　　　　　　láo　jiā　huā
　aがなければ、oかeの上に　　　　　　xué　huò　xióng
　iuとuiのときは、後ろにつける　　　　liú　huí　ruì
　（iの上の点はとってから声調をつける）

5. 母音と子音の組み合わせ

表Ⅰ

	ai	ei	ao	ou	ua	uo	uai	uei
g	gai	gei	gao	gou	gua	guo	guai	gui
k	kai	kei	kao	kou	kua	kuo	kuai	kui
h	hai	hei	hao	hou	hua	huo	huai	hui

表Ⅱ

	ai	ei	ao	ou	ua	uo	uai	uei
z	zai	zei	zao	zou		zuo		zui
c	cai		cao	cou		cuo		cui
s	sai		sao	sou		suo		sui

表Ⅲ

	a	o	e	i	u	ü
g	ga		ge		gu	
k	ka		ke		ku	
h	ha		he		hu	
zh	zha		zhe	zhi	zhu	
ch	cha		che	chi	chu	
sh	sha		she	si	shu	
r			re	ri	ru	
z	za		ze	zi	zu	
c	ca		ce	ci	cu	
s	sa		se	si	su	

★ポイント★

○uには2つの音があります。

　gu　ku　hu　唇を丸く突き出す音。

　qu　xu　nü　「う」の口の構えで「イ」と出す音。

練習問題

1 四声の練習（リズミカルに発音してみよう）

(1) rāo   ráo   rǎo   rào

(2) jiū   jiú   jiǔ   jiù

(3) zhēi   zhéi   zhěi   zhèi

(4) huī   huí   huǐ   huì

(5) shuā   shuá   shuǎ   shuà

(6) xuē   xué   xuě   xuè

2 子音と母音を組み合わせて読みなさい。

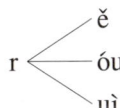   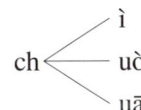   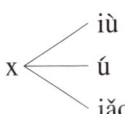

3 発音を聞き、読まれたものと同じものに○をつけなさい。

(1) ① wǒ   ② ǒu

(2) ① guā   ② kuā

(3) ① yǒu   ② yǔ

(4) ① xué   ② xié

(5) ① zhè   ② chè

(6) ① jī   ② qī

4 ①と②の中から、正しいピンイン表記を選びなさい。

(1) 扰   ① rǎo   ② raǒ

(2) 却   ① què   ② qüè

(3) 球   ① qióu   ② qiú

(4) 巨   ① jù   ② jǜ

(5) 亏   ① kuī   ② kūi

(6) 谁   ① sheí   ② shéi

発音(3)

1. 鼻母音(16個) 🎵10

　中国語には、-n や -ng で終わるものがあります。日本語では意識して発音していませんが、「アンナイ（案内）」には n が、「アンガイ（案外）」には ng が現れています。

-n	an　　en　　in　　ian　　uan uen (un)　　ün (un)　　üan (uan) 母音を発音した後、舌先を上の歯茎につけます。
-ng	ang　　eng　　ing　　iang　　uang ueng　　ong　　iong 口を開けたまま舌先はどこへもつけず、鼻から息を抜く感じで発音します。

★ポイント★
○ ian は綴りと発音が一致しないので要注意。「イエン」のような音になります。
○単母音〔a〕〔o〕〔e〕〔i〕〔u〕〔ü〕の口の形を守って発音しましょう。

2. 声調の変化 🎵11

　第3声が連続すると、前の第三声が第二声に変わります。ただし、声調記号はもとのままで、発音する時にのみ第二声に変えます。

　　　　　　　　　表記　　　　　　　　発音
　　　　　　第三声＋第三声　　　　第二声＋第三声
　　　　　　　nǐ　　hǎo　　　　　　ní　　hǎo

3. "不(bù)"の変調

"不"は本来第四声ですが、後ろに第四声が来ると、第二声に変化します。

bù	+	第四声	→	bú 第二声
bù	+	shì	→	bú shì
不	+	是	→	不 是

4. "一(yī)"の変調

"一"は本来第一声ですが、後ろに続く音により、声調変化を起こします。

	第一声			yì kē〔一 棵〕
yī +	第二声	→	yì 第四声	yì tái〔一 台〕
	第三声			yì liǎng〔一 两〕

yī + 第四声	→	yí 第二声　yí cì〔一 次〕

★ポイント★
○変調の例外：序数を表す時は第一声のままです。
　yī yuè〔一 月〕　　dì-yī kè〔第 一 课〕

5. r 化

　r 化とは、音節の末尾に r がつくことを言います。r がつくことで、時には直前の音節に音の変化が生じ、ローマ字綴りが実際の発音とずれることもあります。

① 　変化なし　　　　　huār〔花 儿〕花
② 　n が脱落　　　　　wánr〔玩 儿〕遊ぶ
③ 　複母音 i が脱落　　xiǎoháir〔小 孩 儿〕子ども
④ 　鼻音化　　　　　　yǒu kòngr〔有 空 儿〕暇がある

6. 隔音符号（'）

a、o、e で始まる音節が別の音節の後ろに続く場合、その前に「'」をつけて、前の音節との切れ目を表します。

　　　xiān〔先〕先に
　　　Xī'ān〔西安〕西安（地名）

7. 母音と子音の組み合わせ　♪15

表Ⅰ

	i	ia	iao	ie	iou	ian	in	iang	ing	iong
j	ji	jia	jiao	jie	jiu	jian	jin	jiang	jing	jiong
q	qi	qia	qiao	qie	qiu	qian	qin	qiang	qing	qiong
x	xi	xia	xiao	xie	xiu	xian	xin	xiang	xing	xiong

表Ⅱ

	ai	ei	ao	ou	an	en	ang	eng	ong
zh	zhai	zhei	zhao	zhou	zhan	zhen	zhang	zheng	zhong
ch	chai		chao	chou	chan	chen	chang	cheng	chong
sh	shai	shei	shao	shou	shan	shen	shang	sheng	
r			rao	rou	ran	ren	rang	reng	rong

表Ⅲ

	u	ua	uo	uai	uei	uan	uen	uang	ueng
zh	zhu	zhua	zhuo	zhuai	zhui	zhuan	zhun	zhuang	
ch	chu	chua	chuo	chuai	chui	chuan	chun	chuang	
sh	shu	shua	shuo	shuai	shui	shuan	shun	shuang	
r	ru	rua	ruo		rui	ruan	run		

★ポイント★

○ i には 3 つの音があります。
　　ji　qi　xi　　口を左右にひいた鋭い「イ」の音。
　　zhi　chi　shi　そり舌音の構えから自然な感じで、はっきりしない音。
　　zi　ci　si　　口はやや左右にひくが、「ウ」のような音。

練習問題

1 四声の練習（リズミカルに発音してみよう）

(1) kāng　　káng　　kǎng　　kàng

(2) jīn　　jín　　jǐn　　jìn

(3) shēn　　shén　　shěn　　shèn

(4) xiōng　　xióng　　xiǒng　　xiòng

(5) wān　　wán　　wǎn　　wàn

(6) zhēng　　zhéng　　zhěng　　zhèng

2 子音と母音を組み合わせて読みなさい。

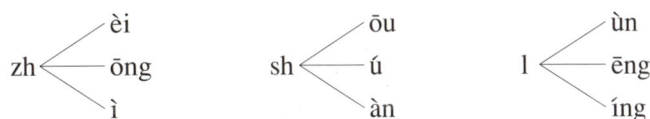

3 発音を聞き、読まれたものと同じものに○をつけなさい。

(1) ① yànzi（燕子）　　② yàngzi（样子）

(2) ① lìshū（隶书）　　② líshù（梨树）

(3) ① bú qù（不去）　　② bùqū（不屈）

(4) ① wánchéng（完成）　　② wàngshèng（旺盛）

(5) ① zhìtú（制图）　　② chǐdù（尺度）

(6) ① yì kē（一颗）　　② yíkè（一刻）

4 ①と②の中から、正しいピンイン表記を選びなさい。

(1) 纯　　① chún　　② chuén

(2) 软　　① rǔan　　② ruǎn

(3) 要　　① yào　　② yiào

(4) 为　　① wèi　　② wuèi

(5) 王　　① wáng　　② uáng

(6) 捐　　① juān　　② jüān

19

第1課　あいさつ

Scene 1　あいさつ　🎵 16　🎵 101（歌 ver.）

A：你 好 吗？
　　Nǐ　hǎo　ma?
　　ニー　ハオ　マ？

B：我 很 好。
　　Wǒ　hěn　hǎo.
　　ウォー　ヘン　ハオ

A：你 也 好 吗？
　　Nǐ　yě　hǎo　ma?
　　ニー　イエ　ハオ　マ？

B：还 可以。
　　Hái　kěyǐ.
　　ハイ　クーイ

A：吃 饭 了 吗？
　　Chī　fàn　le　ma?
　　チー　ファン　ラ　マ？

B：吃 过 了。
　　Chī　guò　le.
　　チー　グォ　ラ

A：吃 什么 了？
　　Chī　shénme　le?
　　チー　シェンマ　ラ？

B：北 京 菜。
　　Běi　jīng　cài.
　　ベイ　ジン　ツァイ

単語　🎵 17

- 好 hǎo　良い
- 吗 ma　〜か
- 很 hěn　とても
- 也 yě　〜も
- 还 hái　まあまあ
- 可以 kěyǐ　そう悪くない
- 吃 chī　食べる
- 饭 fàn　ご飯
- 了 le　完了を表す
- 过 guò　ここでは、直前の過去を表す。〜したことがある
- 什么 shénme　何
- 北京菜 Běijīngcài　北京料理

日本語訳

A：お元気ですか。　B：元気です。
A：あなたも元気ですか。　B：まぁまぁです。
A：ご飯を食べましたか。　B：食べました。
A：何を食べましたか。　B：北京料理です。

Point

1. あいさつ

ex 你好！　　　Nǐ hǎo!　　　　　　こんにちは。
　　早上好！　　Zǎoshang hǎo!　　おはようございます。
　　晚上好！　　Wǎnshang hǎo!　　こんばんは。

ex 对不起。　　　Duìbuqǐ.　　　すみません。
　　--- 没关系。　Méi guānxi.　　気にしないでください。

ex 谢谢。　　　　Xièxie.　　　　ありがとうございます。
　　--- 不客气。　Bú kèqi.　　　　どういたしまして。
　　--- 不用谢。　Búyòng xiè.　　 どういたしまして。

2. "動詞＋了"

"動詞＋了"で動作の完了を表します。否定は"没（有）＋動詞"で表し、動詞の後ろに"了"はつけません。

ex 你去了吗？
　　Nǐ qù le ma?　　　　あなたは行きましたか？

　　--- 我没去。
　　　 Wǒ méi qù.　　　 私は行きませんでした。

ex 你吃什么了？
　　Nǐ chī shénme le?　　あなたは何を食べましたか？

　　--- 我吃饺子了。
　　　 Wǒ chī jiǎozi le.　　私は餃子を食べました。

Scene 2　久しぶりの再会　　　🎵18　🎵102(歌 ver.)

A：好久 不 见。
　　Hǎojiǔ　bú　jiàn.
　　ハオジオ　ブー　ジエン

B：好久 不 见。
　　Hǎojiǔ　bú　jiàn.
　　ハオジオ　ブー　ジエン

A：你 最近 怎么样？
　　Nǐ　zuìjìn　zěnmeyàng?
　　ニー　ズイジン　ゼンマヤン？

B：我 最近 挺 好 的。
　　Wǒ　zuìjìn　tǐng　hǎo　de.
　　ウォ　ズイジン　ティン　ハオ　ダ

B：我 家人 也 很 好。
　　Wǒ　jiārén　yě　hěn　hǎo.
　　ウォ　ジィアレン　イェ　ヘン　ハオ

単語　　🎵19

- 好久 hǎojiǔ　長い間
- 不 bù　否定を表す
- 见 jiàn　会う
- 最近 zuìjìn　最近
- 怎么样 zěnmeyàng　どのようであるか
- 挺……的 tǐng …… de　なかなか～だ
- 家人 jiārén　家族

日本語訳

A：お久しぶりです。　　B：お久しぶりです。
A：最近　どうですか。
B：最近は　なかなか良いですよ。
B：うちの家族も　元気です。

Point

3. "挺……的" tǐng……de

"挺〜的"は「なかなか〜だ」の意味で程度を表します。

ex
挺好的。	Tǐng hǎo de.	なかなかよい。
挺忙的。	Tǐng máng de.	なかなか忙しい。
挺热的。	Tǐng rè de.	なかなか暑い。

4. 副詞 "也"

"也"は副詞で並列の意味を表します。例文を「〜も」で訳してみましょう。

ex 妈妈喝水，我也喝水。
Māma hē shuǐ, wǒ yě hē shuǐ.　　　お母さんは水をのむ。私も水をのむ。

補充例文

- ◆ 你吃饭了吗？　　　——还没吃。
- ◆ 最近忙不忙？　　　——有点忙。
- ◆ 好吃吗？　　　——挺好吃的。

補充語句

- □ **还** hái　まだ
- □ **没** méi　否定を表す
- □ **忙** máng　忙しい
- □ **有点** yǒudiǎn　少し〜だ
- □ **好吃** hǎochī　おいしい

23

練習問題

1 基礎問題

1 (1)〜(5)の中国語の正しいピンイン表記をそれぞれ①〜④の中から一つ選びなさい。

(1) 见 　　① jiān 　　② jiǎn 　　③ jiàn 　　④ jián
(2) 吃饭 　① chīfàng 　② qīfàn 　③ qīfàng 　④ chīfàn
(3) 什么 　① shénme 　② shénma 　③ shěnme 　④ shěnma
(4) 最近 　① zuījìn 　② zuījìng 　③ zuìjìn 　④ zuìjìng
(5) 北京 　① Bèijīng 　② Běijìng 　③ Běijīng 　④ Běijīn

2 (6)〜(10)の日本語の意味になるように空欄を埋める時、最も適当なものを、一つ選びなさい。

(6) あなたもお元気ですか。

　　你（　　）好吗？
　　　　① 也　　② 是　　③ 很　　④ 们

(7) 私は元気です。

　　我（　　）好。
　　　　① 的　　② 元气　　③ 是　　④ 很

(8) 最近どうですか。

　　最近（　　）？
　　　　① 怎么样　　② 怎么　　③ 怎么了　　④ 怎么办

(9) 食べました。

　　吃（　　）了。
　　　　① 也　　② 过　　③ 很　　④ 吗

(10) 何を食べましたか。

　　吃（　　）了？
　　　　① 怎么　　② 过　　③ 何　　④ 什么

2 実力UP問題

1 (1)～(5)の日本語の意味に合う中国語を、それぞれ①～④の中から一つ選びなさい。

(1) 私は日本人ではありません。
　① 我是不日本人。　　② 日本人我不是。
　③ 我不是日本人。　　④ 我不日本人是。

(2) あなたのお母さんは元気ですか。
　① 妈妈你好吗？　　② 你妈妈好吗？
　③ 你妈妈吗好？　　④ 你好吗妈妈？

(3) あなたは何を飲みたいですか。
　① 你想喝什么？　　② 你喝想什么？
　③ 什么你想喝？　　④ 你想什么喝？

(4) あなたの家族も元気ですか。
　① 你也好吗家人？　　② 你家人也好吗？
　③ 你也家人好吗？　　④ 你也好家人吗？

(5) 彼は中国人ですか。
　① 中国人是他吗？　　② 他是中国人吗？
　③ 他是吗中国人？　　④ 他中国人吗是？

2 (6)～(10)の日本語を中国語（簡体字）に訳しなさい。

(6) お元気ですか。

(7) まぁまぁです。

(8) お久しぶりです。

(9) ご飯を食べましたか。

(10) 私は日本人です。あなたは？

第2課　自己紹介

Scene 1　自己紹介　　🎵21　🎵103（歌ver.）

A：你 贵姓？
　　Nǐ guìxìng?
　　ニー　グイシン？

B：我 姓 山本。
　　Wǒ xìng Shānběn.
　　ウォ　シン　シャンベン

A：认识 你 很 高兴。
　　Rènshi nǐ hěn gāoxìng.
　　レンシ　ニー　ヘン　ガオシン

A：你 多 大？
　　Nǐ duō dà?
　　ニー　ドゥオ　ダー？

B：二十 岁。
　　Èrshí suì.
　　アーシー　スイ

A：哪 国 人？
　　Nǎ guó rén?
　　ナー　グオ　レン？

B：日本人。
　　Rìběnrén.
　　リーベンレン

単語　🎵22

- 贵 guì　お〜
- 姓 xìng　姓は〜である
- 认识 rènshi　知り合う
- 高兴 gāoxìng　嬉しい
- 多大 duō dà　年齢を聞く
- 岁 suì　歳
- 哪 nǎ　どの、どれ
- 国 guó　国
- 人 rén　人
- 日本 Rìběn　日本

日本語訳

A：お名前は何ですか。
B：山本です。
A：お知り合いになれて　嬉しいです。
A：おいくつですか。
B：二十歳です。
A：どこの国の方ですか。
B：日本人です。

Point

1．苗字の尋ね方

ex 您贵姓？
Nín guìxìng?   お名前（苗字）は？

--- 我姓上野。
Wǒ xìng Shàngyě.   上野と言います。

2．フルネームの尋ね方

ex 你叫什么名字？
Nǐ jiào shénme míngzi?   お名前は？

--- 我叫上野一郎。
Wǒ jiào Shàngyě Yīláng.   上野一郎と言います。

3．年齢の尋ね方

ex 你弟弟几岁了？
Nǐ dìdi jǐ suì le?   弟さんはいくつになりましたか。

--- 我弟弟五岁了。
Wǒ dìdi wǔ suì le.   うちの弟は5歳になりました。

（子どもの年を尋ねるときに"几"を使います）

ex 你多大？
Nǐ duō dà?   おいくつですか。

--- 我十八岁。
Wǒ shíbā suì.   18歳です。

ex 你爸爸多大岁数了？
Nǐ bàba duō dà suìshu le? あなたのお父さんはおいくつですか。

--- 我爸爸六十岁了。
Wǒ bàba liùshí suì le.   うちの父は60歳になりました。

第 2 課

27

Scene 2　自己紹介2　　　🎵 23　🎵 104(歌 ver.)

A：你 家 有 几 口 人？
　　Nǐ　jiā　yǒu　jǐ　kǒu　rén?
　　ニー　ジャ　ヨウ　ジー　コウ　レン？

B：我 家 有 五 口 人。
　　Wǒ　jiā　yǒu　wǔ　kǒu　rén.
　　ウォ　ジャ　ヨウ　ウー　コウ　レン

A：有 没有 女朋友？
　　Yǒu　méiyǒu　nǚpéngyou?
　　ヨウ　メイヨウ　ニューポンヨウ？

B：还 没有 女朋友。
　　Hái　méiyǒu　nǚpéngyou.
　　ハイ　メイヨウ　ニューポンヨウ

単語　　　🎵 24

- 家 jiā　家族
- 有 yǒu　ある、いる
- 几 jǐ　いくつ
- 口 kǒu　家族を数える
- 人 rén　人
- 女朋友 nǚpéngyou　彼女

日本語訳

A：あなたの家は何人家族ですか。
B：私の家は5人家族です。
A：彼女はいますか。
B：彼女はまだいません。

28

Point

4．数字の読み方

一 yī　二 èr　三 sān　四 sì　五 wǔ
六 liù　七 qī　八 bā　九 jiǔ　十 shí

十一 shíyī　　二十 èrshí　　二十二 èrshí'èr
九十九 jiǔshíjiǔ　　一百零一 yìbǎi líng yī

5．動詞"有"

動詞"有"は「ある、いる、持っている」の意味を表します。

ex 我家有五口人。
Wǒ jiā yǒu wǔ kǒu rén.　　我が家は5人家族です。

ex 我有一个妹妹。
Wǒ yǒu yí ge mèimei.　　私には妹が一人います。

※否定には"没有"で表します。

ex 我没（有）时间。
Wǒ méi (yǒu) shíjiān.　　私には時間がありません。

※"有"を省略することもできます。

第2課

補充例文

◆ 你叫什么名字？　　——我叫山本太郎。

◆ 我有哥哥，你呢？　　——我没有哥哥。

◆ 你爷爷多大年纪了？　　——他七十岁了。

補充語句　🎵 25

□ 叫 jiào （名前を）～という
□ 名字 míngzi 名前（フルネーム）
□ 哥哥 gēge あに
□ 弟弟 dìdi おとうと
□ 爷爷 yéye おじいさん
□ 年纪 niánjì 年齢

29

練習問題

1 基礎問題

1 (1)〜(5)の中国語の正しいピンイン表記をそれぞれ①〜④の中から一つ選びなさい。

(1) 多大　① tuōdà　② duōdā　③ tuōdā　④ duōdà
(2) 高兴　① gáoxìn　② gāoxìn　③ gáoxìng　④ gāoxìng
(3) 岁　　① sài　　② suì　　③ sái　　④ suí
(4) 日本　① Rìběn　② Lìběn　③ Rìbén　④ Lìbén
(5) 朋友　① pényou　② póngyou　③ péngyou　④ pónyou

2 (6)〜(10)の日本語の意味になるように空欄を埋める時、最も適当なものを、一つ選びなさい。

(6) あなたはどこの国の人ですか。

你是（　　）国人？
① 哪　② 那　③ 什么　④ 这

(7) あなたの家は何人家族ですか。

你家有几（　　）人？
① 口　② 族　③ 家　④ 件

(8) 私はまだ彼女がいません。

我（　　）没有女朋友。
① 还　② 是　③ 可以　④ 想

(9) あなたのお名前（苗字）は何ですか。

你（　　）姓？
① 叫　② 名字　③ 是　④ 贵

(10) 彼女はいますか。

你（　　）没有女朋友？
① 要　② 有　③ 在　④ 给

2 実力UP問題

1 (1)〜(5)の日本語の意味に合う中国語を、それぞれ①〜④の中から一つ選びなさい。

(1) あなたの名前は何ですか。
　① 你叫什么名字？　　　② 你叫名字什么？
　③ 名字你叫什么？　　　④ 你什么叫名字？

(2) あなたの妹はおいくつですか。
　① 妹妹你几岁了？　　　② 你妹妹岁几了？
　③ 你妹妹几岁了？　　　④ 你妹妹了几岁？

(3) あなたは彼氏がいますか。
　① 有没有你男朋友？　　② 你有没有男朋友？
　③ 你有没有朋友男？　　④ 你有男朋友有没？

(4) 私の姉は今年22歳です。
　① 我姐姐二十二今年岁。　　② 今年我姐姐岁二十二。
　③ 我今年姐姐二十二岁。　　④ 我姐姐今年二十二岁。

(5) 我が家は六人家族です。
　① 我家六口人有。　　② 我家口有六人。
　③ 我有六口家人。　　④ 我家有六口人。

2 (6)〜(10)の日本語を中国語（簡体字）に訳しなさい。

(6) おいくつですか。　　　　　　　　　　　　　　　　

(7) どこの国の人ですか。　　　　　　　　　　　　　　

(8) 私の名前（苗字）は奥田です。

　　　　　　　　　　　　　　　　　　　　　　　　　　

(9) あなたの家は何人家族ですか。

　　　　　　　　　　　　　　　　　　　　　　　　　　

(10) よろしくお願いします。

第3課　買い物

Scene 1　桃を買う　🎵 26　🎵 105(歌 ver.)

A：桃　怎么　卖？
　　Táo　zěnme　mài?
　　タオ　ゼンマ　マイ？

B：三　块　钱。
　　Sān　kuài　qián.
　　サン　クァイ　チエン

A：你　要　几　个？
　　Nǐ　yào　jǐ　ge?
　　ニー　ヤオ　ジィ　ガ？

B：我　要　两　个。
　　Wǒ　yào　liǎng　ge.
　　ウォ　ヤオ　リャン　ガ

B：太　贵　了。
　　Tài　guì　le.
　　タイ　グイ　ラ

B：能　不　能　便宜　点？
　　Néng　bu　néng　piányi　diǎn?
　　ノン　ブ　ノン　ピエンイ　ディエン？

単語　🎵 27

- □ 桃 táo　桃
- □ 怎么 zěnme　どのように
- □ 卖 mài　売る
- □ 块 kuài　元
- □ 钱 qián　お金
- □ 要 yào　ほしい
- □ 几 jǐ　いくつ（10以下）
- □ 个 ge　個
- □ 两 liǎng　2（数えるとき）
- □ 太……了 tài …… le　～すぎる
- □ 贵 guì　（値段が）高い
- □ 能 néng　～できる
- □ 便宜 piányi　安い
- □ 点 diǎn　ちょっと

日本語訳

A：桃はいくらですか。
B：三元（一つ）です。
A：いくつほしいですか。
B：2個ほしいです。
B：高すぎます。
B：ちょっと安くできますか。

Point

1. 人民元の単位

1 块 kuài = 10 毛 máo
1 毛 máo = 10 分 fēn
1 块 kuài = 100 分 fēn

ex 39.60 　三十九块六（毛）
　　　　　sānshijiǔ kuài liù (máo)

　125.78 　一百二十五块七毛八（分）
　　　　　yìbǎi èrshiwǔ kuài qī máo bā(fēn)

2. "太……了"

"太＋形容詞／動詞＋了"は「たいへん、とても、きわめて」の意味を表します。

ex 这个苹果太好吃了。
　　Zhège píngguǒ tài hǎochī le.　　このリンゴはとても美味しい。

「～過ぎだ」の意味で、好ましくない場合も用いられます。

ex 今天太忙了。
　　Jīntiān tài máng le.　　今日は忙しすぎる。

Scene 2 服を買う

🎵 28　🎵 106（歌 ver.）

A：这 件 衣服 真 好看！
　　Zhè jiàn yīfu zhēn hǎokàn!
　　ジャ ジェン イーフ ジェン ハオカン！

A：能 不 能 试 一下？
　　Néng bu néng shì yíxià?
　　ノン ブ ノン シー イーシア？

A：我 要 这个。 多少 钱？
　　Wǒ yào zhège. Duōshao qián?
　　ウォ ヤオ ジェイガ ドゥオシャオ チエン？

B：一百 二。　　　　A：打 折 吗？
　　Yìbǎi èr.　　　　　　Dǎ zhé ma?
　　イーバイ アー　　　　ダー ジャー マ？

単語
🎵 29

- 这 zhè　これ
- 件 jiàn　服などを数える
- 衣服 yīfu　服
- 真 zhēn　本当に
- 好看 hǎokàn　きれい

- 试 shì　試す
- 一下 yíxià　ちょっと
- 这个 zhège　これ、この
- 多少钱？ duōshao qián?　いくら？
- 打折 dǎzhé　割引

日本語訳

A：この服とても可愛いですね！
A：試着してもいいですか。
A：これをください。いくらですか。
B：120元です。　　　　A：割引はありますか。

Point

3．副詞"真"

"真＋形容詞"は、「本当に～」の意味で程度を強調する時に用いられます。

ex 今天真热。
Jīntiān zhēn rè.　　　　　　　　今日は本当に暑いですね。

这本词典真贵。
Zhè běn cídiǎn zhēn guì.　　　　この辞書は本当に高い。

4．"多少钱"

"多少钱？"は、「いくら」の意味で値段を尋ねる時に用いられます。

ex 多少钱一本？
Duōshao qián yì běn?　　　　　　一冊いくらですか。

--- 十五块一本。
Shíwǔ kuài yì běn.　　　　　　　一冊 15 元です。

補充例文

◆ 毛衣多少钱？　　　　　——四百八十块。

◆ 三百五怎么样？　　　　——太贵了，我不买。

◆ 有点小。　　　　　　　——那试试这件。

◆ 你要看点儿什么？　　　——我只是随便看看。

補充語句　　　♪30

□ 毛衣 máoyī　セーター　　　　□ 小 xiǎo　小さい
□ 买 mǎi　買う　　　　　　　　□ 那 nà　それでは
□ 只是 zhǐshi　ただ～だけだ　　□ 随便 suíbiàn　気軽である、気まぐれである

練習問題

1 基礎問題

1 (1)～(5)の中国語の正しいピンイン表記をそれぞれ①～④の中から一つ選びなさい。

(1) 卖　　① mǎi　　② mài　　③ māi　　④ mái
(2) 真　　① shēn　　② chēn　　③ hēn　　④ zhēn
(3) 钱　　① qiān　　② qián　　③ qiǎn　　④ qiàn
(4) 便宜　① piànyí　② piányí　③ piányi　④ biànyi
(5) 衣服　① yīfú　　② yīhú　　③ yīhu　　④ yīfu

2 (6)～(10)の日本語の意味になるように空欄を埋める時、最も適当なものを、一つ選びなさい。

(6) 桃はいくらですか。

　　桃（　　）卖？

　　　① 多少钱　② 怎么　③ 怎样　④ 这么

(7) 高すぎます。

　　（　　）贵了！

　　　① 很　② 太　③ 大　④ 高

(8) この服とても可愛いですね。

　　这（　　）衣服真好看。

　　　① 枚　② 张　③ 着　④ 件

(9) これをください。いくらですか。

　　我要（　　），多少钱？

　　　① 这里　② 那个　③ 这个　④ 那里

(10) 試着はできますか。

　　（　　）试一下？

　　　① 有没有　② 对不对　③ 是不是　④ 能不能

36

2 実力UP問題

1 (1)～(5)の日本語の意味に合う中国語を、それぞれ①～④の中から一つ選びなさい。

(1) 本当にありがとうございます。
① 感谢太你了！　　　　② 感谢你太了！
③ 太了感谢你！　　　　④ 太感谢你了！

(2) これいくらですか。
① 这个多少钱？　　　　② 这多个少钱？
③ 多少这个钱？　　　　④ 这个钱多少？

(3) 私は北京料理が食べたいです。
① 我想吃北京菜。　　　② 我想北京菜吃。
③ 我吃想北京菜。　　　④ 我想北京吃菜。

(4) あなたはリンゴをいくつほしいですか。
① 你要几个苹果？　　　② 你要个几苹果？
③ 你要几苹果个？　　　④ 你要苹果几个？

(5) この携帯はとても格好いいですね。
① 手机这个很好看！　　② 这个很手机好看！
③ 这个手机很好看！　　④ 这个好看手机很！

■ (6)～(10)の日本語を中国語（簡体字）に訳しなさい。

(6) （値段が）高すぎます。　..

(7) 今日は寒すぎます。　..

(8) おいくらですか。　..

(9) 少し安くできませんか。　..

(10) 私はこれがほしいです。　..

第4課 換金

Scene 1　日本円を人民元に換金する　🎵31　🎵107（歌ver.）

A：我　想　換　钱。　用　日元。
　　Wǒ　xiǎng　huàn　qián.　Yòng　Rìyuán.
　　ウォ　シアン　ホワン　チエン　　ヨン　リーユエン

B：给　我　看看　你　护照。
　　Gěi　wǒ　kànkan　nǐ　hùzhào.
　　ゲイ　ウォ　カンカン　ニー　フージャオ

B：那　你　换　多少　钱？
　　Nà　nǐ　huàn　duōshao　qián?
　　ナー　ニー　ホワン　ドゥオシャオ　チエン？

A：三万　日元。　　　　　　B：数　一下。
　　Sānwàn　Rìyuán.　　　　　　Shǔ　yíxià.
　　サンワン　リーユエン　　　　　シュー　イーシア

単語　🎵32

- 想 xiǎng　〜したい
- 换 huàn　替える
- 换钱 huànqián　換金する
- 用 yòng　〜を使う
- 日元 Rìyuán　日本円
- 给 gěi　〜に
- 看 kàn　見る
- 护照 hùzhào　パスポート
- 多少 duōshao　いくら
- 万 wàn　万
- 数 shǔ　数える

日本語訳

A：換金をしたいのですが。　日本円です。
B：パスポートを見せてください。
B：いくら替えたいですか。
A：三万円です。
B：（お金を渡して）数えてください。

Point

1. "一下"

"動詞＋一下"で「ちょっと〜する」の意味を表します。

ex　看一下　　　kàn yíxià　　　ちょっと見る
　　听一下　　　tīng yíxià　　　ちょっと聞く

2. 動詞の重ね用法

"看（一）看""试（一）试"のような動詞の重ね用法は、「ちょっと〜する」のように不定量の意味を表し、命令文や依頼する文によく用いられます。

ex　给我听听。
　　Gěi wǒ tīngting.　　　　　　　　ちょっと聞かせて。

　　我们休息休息。
　　Wǒmen xiūxi xiūxi.　　　　　　　少し休憩しましょう。

第4課

補充例文

◆ 我想换人民币。　　　　　——您要换多少？

◆ 请问，这里能不能换钱？　——能。您带的钱是……？

◆ 我们休息一下吧。　　　　——好吧。

◆ 给我玩儿一下吧。　　　　——不行。

補充語句　♪33

□ 我们 wǒmen　私たち
□ 休息 xiūxi　休む
□ 吧 ba　〜しよう
□ 玩儿 wánr　遊ぶ
□ 不行 bùxíng　だめ

39

練習問題

1 基礎問題

1 (1)～(5)の中国語の正しいピンイン表記をそれぞれ①～④の中から一つ選びなさい。

(1) 想　　① shǎng　　② xiǎng　　③ sháng　　④ xiáng

(2) 看　　① kàn　　② kān　　③ kàng　　④ kāng

(3) 多少　① duōshao　② duōshào　③ tuōshǎo　④ duōsháo

(4) 护照　① hùjiào　② fùzhào　③ fùjiào　④ hùzhào

(5) 换钱　① fuànqián　② huànqián　③ huánqián　④ huánqiàn

2 (6)～(10)の日本語の意味になるように空欄を埋める時、最も適当なものを、一つ選びなさい。

(6) 私は換金がしたいです。

　　我（　　）换钱。

　　　① 应该　② 可以　③ 想　④ 打算

(7) いくら替えたいですか。

　　你要换（　　）钱？

　　　① 多高　② 多长　③ 多少　④ 多大

(8) ちょっと数えてください。

　　请你数（　　）。

　　　① 一下儿　② 一会儿　③ 有点儿　④ 多少

(9) 私に少し見せてもらえますか。

　　可以给我看看（　　）？

　　　① 吧　② 吗　③ 了　④ 的

(10) 今晩私はあなたに電話をします。

　　今晚我（　　）你打电话。

　　　① 在　② 有　③ 给　④ 对于

40

2 実力**UP**問題

1 (1)～(5)の日本語の意味に合う中国語を、それぞれ①～④の中から一つ選びなさい。

(1) これは私のパスポートです。
　　① 这是的我护照。　　　　② 这是我的护照。
　　③ 这我的是护照。　　　　④ 这护照我是的。

(2) 私はテレビが見たいです。
　　① 我电视想看。　　　　　② 想我看电视。
　　③ 我想看电视。　　　　　④ 我想电视看。

(3) あなたは何着服を買う予定ですか。
　　① 你打算买几衣服件？　　② 你打算买几件衣服？
　　③ 你买打算几件衣服？　　④ 你买打算衣服几件？

(4) あなたは何料理が食べたいですか。
　　① 你想吃什么菜？　　　　② 你想什么菜吃？
　　③ 想吃你什么菜？　　　　④ 你想吃菜什么？

(5) 私はあなたに本を一冊あげます。
　　① 我给你一本书。　　　　② 我一本给你书。
　　③ 我给你一书本。　　　　④ 我给一书本你。

2 (6)～(10)の日本語を中国語（簡体字）に訳しなさい。

(6) 私は換金をしたいです。

(7) 私は３万円持っています。

(8) 銀行はどこですか。

(9) 私はあなたに電話をします。

(10) あなたの携帯電話を使ってもいいですか。

第5課　タクシー・バスに乗る

Scene 1　市内バスに乗る　🎵34　🎵108（歌ver.）

A：**到　故宫　吗？**
　　Dào　Gùgōng　ma?
　　ダオ　グーゴン　マ？

B：**上　车　吧。**
　　Shàng　chē　ba.
　　シャン　チャー　バ

A：**坐　几　站？**
　　Zuò　jǐ　zhàn?
　　ズオ　ジー　ジャン？

B：**坐　三　站。**
　　Zuò　sān　zhàn.
　　ズオ　サン　ジャン

A：**对不起！**
　　Duìbuqǐ!
　　ドゥイブチー！

A：**请　让　一下。　我　下　车。**
　　Qǐng　ràng　yíxià.　Wǒ　xià　chē.
　　チン　ラン　イーシア　ウォ　シア　チャー

単語　🎵35

- 到 dào　到着する、行く
- 坐 zuò　座る
- 故宫 Gùgōng　故宮
- 站 zhàn　駅
- 上 shàng　上、登る、乗る
- 请 qǐng　どうぞ
- 车 chē　車
- 让 ràng　譲る
- 吧 ba　〜しましょう
- 下 xià　下、降りる

日本語訳

A：故宫に着きますか。　　B：乗ってください。
A：何駅ですか。　　　　　B：3駅です。
A：すみません！
A：ちょっとどいてください。降ります。

Point

1. 語気助詞 "吧"

文末に置いて「〜でしょう、〜ましょう、〜しなさい」の意味を表します。推測・確認、勧誘・提案などの気持ちを表す場合もあり、命令の語気を和らげる場合もあります。

ex 今天不冷吧？
Jīntiān bù lěng ba? 　　　　今日は寒くないでしょう？

晩上一起去吃饭吧。
Wǎnshang yìqǐ qù chīfàn ba. 　　夜一緒に食事に行きましょう。

已经十二点了，你快睡吧！
Yǐjīng shí'èr diǎn le, nǐ kuài shuì ba! 　もう12時ですよ、早く寝なさい。

2. 乗り物に関する動詞 "坐"、"骑"、"开"

"坐" zuò は「（乗り物に）乗る」、"骑" qí は「（馬、自転車、バイクに）乗る」、"开" kāi は「（車両、機械を）運転する」の意味を表します。

ex 坐地铁　　　zuò dìtiě　　　地下鉄に乗る
　　开汽车　　　kāi qìchē　　　車を運転する
　　骑自行车　　qí zìxíngchē　　自転車に乗る

Scene 2　路上でタクシーを拾う　　♪36　♪109（歌 ver.）

A：**去　不　去　王府井？**
　　Qù　bu　qù　Wángfǔjǐng?
　　チュー　ブ　チュー　ワンフージン？

A：**走　高速　可以　吗？**
　　Zǒu　gāosù　kěyǐ　ma?
　　ゾウ　ガオスー　クーイー　マ？

B：**没　问题。**
　　Méi　wèntí.
　　メイ　ウェンティー

A：**麻烦　你，先　在　邮局　停　一下。**
　　Máfan　nǐ,　xiān　zài　yóujú　tíng　yíxià.
　　マーファン　ニー　シエン　ザイ　ヨウジュー　ティン　イーシア

単語　　♪37

- 去 qù　行く
- 麻烦 máfan　手数をかける
- 王府井 Wángfǔjǐng　王府井
- 先 xiān　先に
- 走 zǒu　歩く、行く
- 在 zài　～で
- 高速 gāosù　高速
- 邮局 yóujú　郵便局
- 可以 kěyǐ　～してもよい
- 停 tíng　止まる
- 问题 wèntí　問題

日本語訳

A：王府井（ワンフージン）に行きますか。
A：高速を走ってもらってもいいですか。
B：いいですよ。
A：すみませんが先に郵便局で止まってください。

Point

3．介詞"在"

「～で（～する／している）」の意味で、場所を表す言葉の前に置かれ、動作・行為が行われる場所を表します。

語順："在"＋場所＋動詞（句）

ex 她在银行工作。
　　Tā zài yínháng gōngzuò.　　　　彼女は銀行で働いています。

　　我明天在家看书。
　　Wǒ míngtiān zài jiā kàn shū.　　私は明日家で本を読みます。

4．副詞"先"

"先＋動詞"「まず～する」

ex 我们先吃饭吧。
　　Wǒmen xiān chīfàn ba.　　　　先に食べましょう。

　　我先走了。
　　Wǒ xiān zǒu le.　　　　　　　先に失礼します。

補充例文

◆ 师傅你好！　　　　　　　——请到○○饭店。

◆ 你去哪里？　　　　　　　——我去北京动物园。

◆ 请给我发票。　　　　　　——好的。

◆ 师傅，你打表了吗？　　　——打了。

補充語句 ♪38

□ **师傅** shīfu　特殊な技能をもつ人に呼びかける時の敬称
□ **发票** fāpiào　領収書、レシート
□ **饭店** fàndiàn　ホテル
□ **打表** dǎ biǎo　メーターを倒す

第5課

45

練習問題

1 基礎問題

1 (1)〜(5)の中国語の正しいピンイン表記をそれぞれ①〜④の中から一つ選びなさい。

(1) 下车　① xià chē　② xià chā　③ shà chē　④ shà chā

(2) 问题　① mèntí　② mèntī　③ wèntí　④ wèntī

(3) 麻烦　① màfàn　② máfan　③ máfàng　④ máfang

(4) 邮局　① yóujù　② yújú　③ yóujú　④ yújù

(5) 一下　① yǐxià　② yíxià　③ yīshàng　④ yíshàng

2 (6)〜(10)の日本語の意味になるように空欄を埋める時、最も適当なものを、一つ選びなさい。

(6) 先に郵便局で停まってください。

　　先（　　）邮局停一下。

　　　① 去　② 有　③ 来　④ 在

(7) 故宮に行きますか。

　　（　　）故宫吗？

　　　① 到　② 去　③ 吃　④ 在

(8) ちょっとどいてください。

　　请（　　）一下。

　　　① 喝　② 让　③ 来　④ 坐

(9) 問題ありません。

　　（　　）有问题。

　　　① 不　② 没　③ 不是　④ 不对

(10) あなたは王府井に行きますか。

　　你去王府井（　　）？

　　　① 了　② 呢　③ 吗　④ 吧

46

2 実力UP問題

1 (1)〜(5)の日本語の意味に合う中国語を、それぞれ①〜④の中から一つ選びなさい。

(1) 私は図書館で勉強をすることが好きです。
　① 我喜欢在图书馆学习。　② 我在图书馆学习喜欢。
　③ 我喜欢学习在图书馆。　④ 我喜欢在学习图书馆。

(2) 私たちは先にスーパーへ行きましょう。
　① 先我们去超市吧。　② 我超市们先去吧。
　③ 我们先去吧超市。　④ 我们先去超市吧。

(3) お母さんは家で私を待っています。
　① 妈妈等我在家。　② 妈妈在家等我。
　③ 妈妈在等家我。　④ 妈妈家等在我。

(4) あなたたちの会社はどこにありますか。
　① 你们公司在哪里？　② 公司你们在哪里？
　③ 你们公司在里哪？　④ 你们公司哪里在？

(5) 私たちの学校は広くないです。
　① 学校不大我们。　② 我们学校大不。
　③ 我们不大学校。　④ 我们学校不大。

2 (6)〜(10)の日本語を中国語（簡体字）に訳しなさい。

(6) ごめんなさい。

(7) 問題ありません。

(8) お手数をおかけします。

(9) あなたはどこにいますか。

(10) お尋ねしますが、あなたは李先生ですか。

第6課 電話をかける

Scene 1 デートに誘う　　🎵39　🎵110(歌 ver.)

A：喂，你好。我是山本。
　　Wèi, nǐ hǎo. Wǒ shì Shānběn.
　　ウェイ　ニー　ハオ　ウォ　シー　シャンベン

A：小王在吗？
　　Xiǎo Wáng zài ma?
　　シャオ　ワン　ザイ　マ？

B：请稍等。
　　Qǐng shāo děng.
　　チン　シャオ　ドン

A：星期六去吃饭吧？
　　Xīngqīliù qù chī fàn ba?
　　シンチーリォ　チュー　チー　ファン　バ？

B：不好意思我有事。
　　Bù hǎoyìsi wǒ yǒu shì.
　　ブー　ハオイー　スウォ　ヨウ　シー

単語　🎵40

- 喂 wèi　もしもし　電話ではwéiと発音することが多い
- 稍 shāo　少々
- 等 děng　待つ
- 星期六 xīngqīliù　土曜日
- 不好意思 bù hǎoyìsi　すみません
- 事 shì　事柄、用事

日本語訳

A：もしもし、こんにちは。山本ですが。
A：王さんはいらっしゃいますか。　　B：少々お待ちください。
A：土曜日 食事に行きませんか。
B：すみません、用事があります。

Point

1．連動文

主語が同じで、2つ以上の動詞を用い、その動作の順に並べる構文が「連動文」です。

ex 我们去教室自习吧。
Wǒmen qù jiàoshì zìxí ba.　　　　自習をしに教室へ行きましょう。
（動作の順番：教室へ行く→自習をする）

2．曜日の言い方

星期一	xīngqīyī	月曜日
星期二	xīngqī'èr	火曜日
星期三	xīngqīsān	水曜日
星期四	xīngqīsì	木曜日
星期五	xīngqīwǔ	金曜日
星期六	xīngqīliù	土曜日
星期天・星期日	xīngqītiān・xīngqīrì	日曜日
星期几	xīngqī jǐ	何曜日

ex 今天星期几？
Jīntiān xīngqī jǐ?　　　　今日は何曜日ですか？

--- 今天星期三。
Jīntiān xīngqīsān.　　　　今日は水曜日です。

Scene 2 職員室に電話をする

🎵 41　🎵 111 (歌 ver.)

A：你 找 谁？
　　Nǐ zhǎo shéi?
　　ニー ジャオ シェイ？

B：李 老师，
　　Lǐ lǎoshī,
　　リー ラオシー

　　在 不 在？
　　zài bu zài?
　　ザイ ブー ザイ？

A：对不起，
　　Duìbuqǐ,
　　ドゥイプーチー

　　他 正在 接 电话。
　　tā zhèngzài jiē diànhuà.
　　ター ジョンザイ ジエ ディエンホワ

A：稍 等 一下，可以 吗？
　　Shāo děng yíxià, kěyǐ ma?
　　シャオ ドン イーシア クーイー マ？

単語

🎵 42

- 找 zhǎo　探す
- 谁 shéi　誰
- 正在 zhèngzài　ちょうど～している
- 接 jiē　（電話に）出る
- 电话 diànhuà　電話

日本語訳

A：どなたを探していますか。　　B：李先生はいらっしゃいますか。
A：すみません、
　　彼はちょうど電話中です。
A：少々お待ちいただけますか。

Point

3．副詞 "正在"、"在"

動詞の前に置いて、動作・行為が進行中であることを表します。

ex 我正在吃饭呢。　　　Wǒ zhèngzài chīfàn ne.
　 我在吃饭呢。　　　　Wǒ zài chīfàn ne.
　 私はちょうどご飯を食べています。

4．助動詞 "可以"

動詞の前に置いて、能力、可能性、許可を表します。

ex 这儿可以吸烟吗？
　 Zhèr kěyǐ xīyān ma?　　　　　　　　ここはタバコを吸ってもいいですか。

　 你可以用这里的电话。
　 Nǐ kěyǐ yòng zhèlǐ de diànhuà.　　　あなたはここの電話を使ってもかまわない。

補充例文

◆ 现在说话方便吗？　　　　　——方便，你说吧。

◆ 您好，这里是○○公司。　　——对不起，打错了。

◆ 你在干什么呢？　　　　　　——我在看书呢。

◆ 你星期天有空吗？　　　　　——对不起，我没空。

補充語句　　　🎵 43

□ 方便 fāngbiàn　都合がよい　　□ 看 kàn　読む
□ 错 cuò　間違っている　　　　□ 书 shū　本、書物
□ 干 gàn　する　　　　　　　　□ 空 kòng　空いている時間

第6課

51

練習問題

1 基礎問題

1 (1)〜(5)の中国語の正しいピンイン表記をそれぞれ①〜④の中から一つ選びなさい。

(1) 请　　① qīng　　② qíng　　③ qǐng　　④ qìng

(2) 找　　① jiǎo　　② zhào　　③ zhǎo　　④ jiào

(3) 星期　① xīngqī　② xīnqī　　③ xīngchī　④ xīnchī

(4) 老师　① lǎoshī　② lǎoshi　　③ rǎoshī　　④ rǎoshi

(5) 电话　① diànhào　② diànhuà　③ diǎnhào　④ diǎnhuà

2 (6)〜(10)の日本語の意味になるように空欄を埋める時、最も適当なものを、一つ選びなさい。

(6) 王さんはいますか。

　　小王（　　）吗？

　　　① 在　② 是　③ 打　④ 有

(7) 彼はちょうど電話中です。（受けている）

　　他正在（　　）电话。

　　　① 做　② 拿　③ 播　④ 接

(8) 少々お待ちください。

　　请稍等（　　）。

　　　① 一点儿　② 一下儿　③ 一些　④ 一次

(9) 土曜日食事に行きましょう。

　　我们星期六去吃饭（　　）。

　　　① 吧　② 了　③ 的　④ 呢

(10) あなたのパソコンを使ってもいいですか。

　　我用一下儿电脑（　　）吗？

　　　① 能　② 可以　③ 会　④ 有

2 実力UP問題

1 (1)～(5)の日本語の意味に合う中国語を、それぞれ①～④の中から一つ選びなさい。

(1) 私は李先生を探しています。
　① 我在李老师找。　　② 我找在李老师。
　③ 我在李找老师。　　④ 我在找李老师。

(2) 私は空港へ友達を迎えに行きます。
　① 我接朋友去机场。　　② 我朋友去机场接。
　③ 我去接朋友机场。　　④ 我去机场接朋友。

(3) 私はスターバックスへコーヒーを飲みに行きたいです。
　① 我想去星巴克喝咖啡。　　② 我想喝咖啡去星巴克。
　③ 我星巴克想去喝咖啡。　　④ 我想星巴克去喝咖啡。

(4) 彼女は私の友達です。
　① 她我的是朋友。　　② 她是我的朋友。
　③ 她的是我朋友。　　④ 她是朋友我的。

(5) 私たち映画を見に行きましょう。
　① 我们看去电影吧。　　② 我们电影去看吧。
　③ 我们去吧看电影。　　④ 我们去看电影吧。

2 (6)～(10)の日本語を中国語（簡体字）に訳しなさい。

(6) もしもし、こんにちは。

(7) 結衣さんはいますか。

(8) 彼女は家にいません。

(9) 日曜日は予定がありますか。

(10) すみません、用事があります。

第7課 食事をする

Scene 1　料理を注文する　　🎵 44　🎵 112（歌 ver.）

A：服务员 拿 菜单。
　　Fúwùyuán　ná　càidān.
　　フーウーユエン　ナー　ツァイダン

A：哪 个 菜 受 欢迎？
　　Nǎ　ge　cài　shòu　huānyíng?
　　ナー　ガ　ツァイ　ショウ　ホワンイン？

A：鱼香 肉丝 来 一 份。
　　Yúxiāng　ròusī　lái　yí　fèn.
　　ユーシャン　ロウスー　ライ　イー　フェン

A：还 没 上，催 一下。
　　Hái　méi　shàng,　cuī　yíxià.
　　ハイ　メイ　シャン　ツイ　イーシア

単語　　🎵 45

- 服务员 fúwùyuán　ウエイター、ウエイトレス
- 拿 ná　持つ、運ぶ
- 菜单 càidān　メニュー
- 菜 cài　料理
- 受欢迎 shòu huānyíng　人気がある
- 鱼香肉丝 yúxiāng ròusī　お肉と野菜の細切り炒め
- 一份 yí fèn　一皿
- 催 cuī　催促する

日本語訳

A：すみません、メニューをください。
A：どの料理が人気ですか。
A：魚香肉絲（お肉と野菜の細切り炒め）をください。
A：まだお料理が来ていません、催促してもらっていいですか。

Point

1．疑問詞"哪个"、"什么"、"谁"

哪个	nǎge	どれ、どの
什么	shénme	なに、何の
谁	shuí/shéi	誰

ex 这是什么菜？
　　Zhè shì shénme cài?　　　　　　　　これは何の料理ですか？

　--- 这是北京菜。
　　　Zhè shì Běijīng cài.　　　　　　　　これは北京料理です。

2．量詞"份"

　量詞"份"は新聞や書類を数える時に用います。中国語では数詞と名詞をつなぐには量詞が必要で、「数詞＋量詞＋名詞」の順に並べます。代表的なものに"个"、"件"、"张"、"本"、"台"、"枝"などがあります。

ex 一个　yí ge　　一つ
　　两个　liǎng ge　二つ

ex 您要什么？
　　Nín yào shénme?　　　　　　　　　何がほしいですか。

　--- 我要一张地图。
　　　Wǒ yào yì zhāng dìtú.　　　　　　地図が一枚ほしいです。

第 7 課

Scene 2　好きなお酒を尋ねる

🎵 46　🎵 113（歌 ver.）

A：你 喜欢 喝 什么 酒？
　　Nǐ　xǐhuan　hē　shénme　jiǔ?
　　ニー　シーホワン　フー　シェンマ　ジオ？

B：我 喜欢 喝 啤酒。
　　Wǒ　xǐhuan　hē　píjiǔ.
　　ウォ　シーホワン　フー　ピージオ

B：也 喜欢 葡萄酒。
　　Yě　xǐhuan　pútaojiǔ.
　　イエ　シーホワン　プータオジオ

A：酒量 大 吗？　　　　　B：不 太 大。
　　Jiǔliàng　dà　ma?　　　　　Bú　tài　dà.
　　ジオリャン　ダー　マ？　　　　プー　タイ　ダー

単語

🎵 47

- 喜欢 xǐhuan　好き
- 啤酒 píjiǔ　ビール
- 葡萄酒 pútaojiǔ　ワイン
- 酒量 jiǔliàng　お酒の量
- 不太 bú tài　あまり〜ない

日本語訳

A：あなたは何のお酒が好きですか。
B：私はビールが好きです。
B：ワインも好きです。
A：お酒は強い方ですか？　　B：あまり強くありません。

Point

3. 心理動詞 "喜欢"

"喜欢" は後ろに動詞と名詞を置くことができます。"喜欢＋名詞" で「〜が好き」、"喜欢＋動詞" で「〜するのが好き」の意味を表します。

ex 我喜欢足球。
　　Wǒ xǐhuan zúqiú.　　　　　　　私はサッカーが好きです。

　　我喜欢踢足球。
　　Wǒ xǐhuan tī zúqiú.　　　　　　私はサッカーをするのが好きです。

4. "不太……"

"不太 bú tài ＋ 形容詞／動詞" で「あまり〜ない」の意味を表します。

ex 她今天不太高兴。
　　Tā jīntiān bú tài gāoxìng.　　　彼女は今日あまり機嫌がよくない。

5. 量詞一覧

● 张 zhāng	平面がめだつもの	纸（紙） 地图（地図）	票（切符） 桌子（机）
● 件 jiàn	服や荷物、事柄類	衣服（服） 行李（荷物）	事（事）
● 辆 liàng	車、乗り物類	汽车（自動車）	自行车（自転車）
● 双 shuāng	本来的に対のもの	鞋（靴） 手套（手袋）	袜子（靴下） 筷子（お箸）
● 条 tiáo	細長いもの	河（川） 裤子（ズボン）	鱼（魚）
● 枝, 支 zhī	細い棒状のもの	铅笔（鉛筆）	香烟（タバコ）
● 座 zuò	どっしりしたもの	山（山）	大楼（ビル）　桥（橋）
● 把 bǎ	握りのあるもの	刀（刀）	椅子（椅子）　雨伞（傘）
● 只 zhī	小動物 「対、セット」になっているものの一方	猫（猫） 手（手）	鸡（鶏） 耳朵（耳）

Scene 3　お酒の代わりにお茶で乾杯　🎵48　🎵114(歌 ver.)

A：你 想 喝 什么 饮料？
　　Nǐ xiǎng hē shénme yǐnliào?
　　ニー シャン フー シェンマ インリャオ？

B：我 想 喝 菊花 茶。
　　Wǒ xiǎng hē júhuā chá.
　　ウォ シャン フー ジューホア チャー

A：菜 齐 了 趁热 吃。
　　Cài qí le chènrè chī.
　　ツァイ チー ラ チェンルー チー

A：以 茶 代 酒 干杯 吧。
　　Yǐ chá dài jiǔ gānbēi ba.
　　イー チャー ダイ ジオ ガンベイ バ

単語　🎵49

- 饮料 yǐnliào　飲み物
- 菊花茶 júhuā chá　菊茶
- 齐 qí　そろう
- 趁 chèn　〜のうちに
- 热 rè　熱い、暑い
- 以 yǐ　〜をもって
- 代 dài　代わりに
- 干杯 gānbēi　乾杯

日本語訳

A：飲み物は何にしますか。
B：菊茶が飲みたいです。
A：お料理もそろいました。熱いうちに食べてください。
A：お酒の代わりにお茶で乾杯しましょう。

> **Point**

6. 助動詞"想"

"想＋動詞"で「～したい」の意味を表します。

- ex 我不想喝果汁。
  Wǒ bù xiǎng hē guǒzhī.　　　私はジュースは飲みたくないです。

  我想看电视。
  Wǒ xiǎng kàn diànshì.　　　私はテレビを見たいです。

7. 介詞"趁"

「～のうちに、～の機会に」の意味で、利用可能な機会や条件を表します。

- ex 趁热吃吧。
  Chènrè chī ba.　　　熱いうちにどうぞ。

- ex 我想趁这个机会去旅游。
  Wǒ xiǎng chèn zhège jīhuì qù lǚyóu.　　　私はこの機会に旅行に行きたい。

第7課

補充例文

- ◆ 今天我请客。　　　——服务员，点菜。

- ◆ 你爱吃哪个菜？　　　——我都爱吃。

- ◆ 大家趁热吃吧！　　　——很香！

- ◆ 为我们的相逢，干杯！　　　——干杯！

補充語句　♪50

□ 请客 qǐngkè　客を招待する、おごる	□ 都 dōu　すべて、皆
□ 点菜 diǎncài　（料理を）注文する	□ 香 xiāng　芳しい、味が良い
□ 爱 ài　好む、好き	□ 相逢 xiāngféng　出会い

練習問題

1 基礎問題

1 (1)〜(5)の中国語の正しいピンイン表記をそれぞれ①〜④の中から一つ選びなさい。

(1) 干杯　① gānpēi　② gāngbēi　③ gānbēi　④ gāngpēi

(2) 喜欢　① xíhuān　② xǐhuan　③ xǐfan　④ xǐfān

(3) 啤酒　① bíjiǔ　② bíjiù　③ píjiù　④ píjiǔ

(4) 茶　① qiá　② jiá　③ chá　④ xiá

(5) 饮料　① yǐngliào　② yǐnliáo　③ yǐngliáo　④ yǐnliào

2 (6)〜(10)の日本語の意味になるように空欄を埋める時、最も適当なものを、一つ選びなさい。

(6) 私は紅茶を飲むのが好きです。

　　我（　　）喝红茶。
　　　① 想　② 喜欢　③ 欢迎　④ 能

(7) 乾杯しましょう。

　　我们干杯（　　）！
　　　① 呢　② 了　③ 过　④ 吧

(8) 私はまだ今日の新聞を読んでいません。

　　我还（　　）看今天的报纸。
　　　① 不　② 没　③ 又　④ 很

(9) 何のお酒を飲みたいですか。

　　你想喝（　　）酒？
　　　① 谁的　② 怎么　③ 什么　④ 哪个

(10) ワインを一杯ください。

　　请（　　）我一杯葡萄酒。
　　　① 给　② 拿　③ 受　④ 送

60

2 実力UP問題

1 (1)〜(5)の日本語の意味に合う中国語を、それぞれ①〜④の中から一つ選びなさい。

(1) あの人はだれですか。
　① 谁那个人是？　　　　　② 谁人那个是？
　③ 那个人是谁？　　　　　④ 谁是那个人？

(2) 私はビールを飲んでもいいですか。
　① 我喝可以啤酒吗？　　　② 我可以喝啤酒吗？
　③ 我啤酒喝可以吗？　　　④ 我可以啤酒喝吗？

(3) どのぐらいほしいですか。
　① 你想要多少？　　　　　② 你多少想要？
　③ 你想多少要？　　　　　④ 你要想多少？

(4) どの料理がおいしいですか。
　① 那个菜好吃吗？　　　　② 哪个菜好吃吗？
　③ 哪个菜好吃？　　　　　④ 那个菜好吃？

(5) 私は料理店に食事に行きません。
　① 我不去饭店吃饭。　　　② 我去饭店不吃饭。
　③ 我吃饭不去饭店！　　　④ 我不吃饭去饭店。

2 (6)〜(10)の日本語を中国語（簡体字）に訳しなさい。

(6) お酒の代わりにお茶で干杯しましょう。
　　＿＿＿＿＿＿＿＿＿＿＿＿＿＿＿＿＿＿＿＿＿＿＿＿＿＿＿＿＿＿

(7) 私にお箸を一膳ください。
　　＿＿＿＿＿＿＿＿＿＿＿＿＿＿＿＿＿＿＿＿＿＿＿＿＿＿＿＿＿＿

(8) 私は日本酒も好きです。　＿＿＿＿＿＿＿＿＿＿＿＿＿＿＿＿＿＿

(9) お茶をどうぞ。　＿＿＿＿＿＿＿＿＿＿＿＿＿＿＿＿＿＿＿＿＿＿

(10) この料理は高いですか。　＿＿＿＿＿＿＿＿＿＿＿＿＿＿＿＿＿＿

第7課

第8課　道を尋ねる

Scene 1　故宮への行き方　　🎵 51　🎵 115(歌 ver.)

A：去　故宮，　怎么　走？
　　Qù　Gùgōng,　zěnme　zǒu?
　　チュー　グーゴン　ゼンマ　ゾウ？

A：离　这里，　远　不　远？
　　Lí　zhèli,　yuǎn　bu　yuan?
　　リー　ジャーリ　ユエン　ブ　ユエン？

B：不　太　远。　一直　走，
　　Bú　tài　yuǎn.　Yìzhí　zǒu.
　　プー　タイ　ユエン　イージー　ゾウ

　　往　右　拐，　就　到　了。
　　wǎng　yòu　guǎi,　jiù　dào　le.
　　ワン　ヨウ　グアイ　ジゥ　ダオ　ラ

単語　　🎵 52

- 故宫 Gùgōng　故宮
- 走 zǒu　歩く、行く
- 离 lí　〜から
- 这里 zhèli　ここ
- 远 yuǎn　遠い
- 一直 yìzhí　ずっと、まっすぐ
- 往 wǎng　〜の方向に
- 拐 guǎi　曲がる
- 就 jiù　すぐに

日本語訳

A：故宮へはどのように行きますか。
A：ここから遠いですか。
B：あまり遠くないですよ。まっすぐ行って、
　　右に曲がれば、すぐ着きますよ。

Point

1．疑問詞"怎么"

　"怎么"は「どのように」の意味で、動作行為の方式を問う疑問文に用います。また、原因・理由を尋ねる時にも使えます。

> ex 你怎么回家？
> 　　Nǐ zěnme huíjiā?　　　　　　　あなたはどのように家に帰りますか？
>
> 　　--- 我坐地铁回去。
> 　　　　Wǒ zuò dìtiě huíqu.　　　　　私は地下鉄で帰ります。

2．介詞"离"

　介詞"离"は、「～から、～に、～まで」の意味で、二点間の時間的・空間的な隔たりを表します。

> ex 我家离这儿不远。
> 　　Wǒ jiā lí zhèr bù yuǎn.　　　　　私の家はここから遠くないです。
>
> 　　离春节还有三天。
> 　　Lí Chūnjié hái yǒu sān tiān.　　　春節まであと三日です。

第 8 課

63

Scene 2　道に迷った　　♫ 53　♫ 116(歌 ver.)

A： 你　怎么了？
　　Nǐ　zěnme le?
　　ニー　ゼンマラ？

B： 迷路　了。
　　Mílù　le.
　　ミールー　ラ

A： 去　哪里？　告诉　我。
　　Qù　nǎli?　Gàosu　wǒ.
　　チュー　ナーリ？　ガオス　ウォ

B： 去　外滩　怎么　走？
　　Qù　Wàitān　zěnme　zǒu?
　　チュー　ワイタン　ゼンマ　ゾウ？

A： 坐　地铁　三　个　站。
　　Zuò　dìtiě　sān　ge　zhàn.
　　ズオ　ディーティエ　サン　ガ　ジャン

単語　　♫ 54

- 怎么了？ zěnme le?　どうしたの？
- 迷路 mílù　道に迷う
- 告诉 gàosu　知らせる、教える
- 外滩 Wàitān　外滩（ワイタン）
- 坐 zuò　座る、乗る
- 地铁 dìtiě　地下鉄
- 站 zhàn　駅

日本語訳

A：どうしましたか。　　B：道に迷いました。
A：どこに行きますか。教えてください。
B：外滩（ワイタン）へはどのように行きますか。
A：地下鉄で３駅ですよ。

> **Point**

3．疑問詞"哪里"/"哪儿"

"哪里"／"哪儿"「どこ」

ex　你星期天打算去哪儿？
　　Nǐ xīngqītiān dǎsuan qù nǎr?　　あなたは日曜日どこに行くつもりですか？

---我想去超市买东西。
　　Wǒ xiǎng qù chāoshì mǎi dōngxi.　　私はスーパーへ買い物に行きたいです。

4．"请"

「どうぞ～してください」の意味で、文頭に置きます。

ex　请进。　　　Qǐng jìn.　　　どうぞ入ってください。
　　请坐。　　　Qǐng zuò.　　　どうぞ座ってください。
　　请喝茶。　　Qǐng hē chá.　　お茶をどうぞ。

第8課

補充例文

◆ 去北海公园怎么走？　　　——前面左拐。

◆ 要走几分钟？　　　　　　——走五分钟就到了。

◆ 从这儿到新天地坐几路车？　——坐231路。

◆ 去前门要换车吗？　　　　——不用换车。

補充語句　♪55

□ 前面 qiánmian （空間的に）前　　□ 从 cóng ～から
□ 要 yào ～する必要がある　　　　□ 路 lù （バスの）系統
□ 前门 Qiánmén 北京の"正阳门 zhèngyángmén"の通称　□ 换车 huànchē 乗り換え

練習問題

1 基礎問題

1 (1)～(5)の中国語の正しいピンイン表記をそれぞれ①～④の中から一つ選びなさい。

(1) 怎么 ① zěnme ② zěnma ③ zhénme ④ shénme

(2) 地铁 ① chìtiě ② tìtiě ③ dìtiě ④ jìtiě

(3) 告诉 ① gāosù ② gàosu ③ kāosu ④ kàosù

(4) 往 ① kuǎng ② wǎng ③ fǎng ④ huǎng

(5) 哪里 ① nàli ② nǎli ③ nālǐ ④ nàlǐ

2 (6)～(10)の日本語の意味になるように空欄を埋める時、最も適当なものを、一つ選びなさい。

(6) 元旦まであと三日あります。

（　）元旦还有三天。

① 往　② 向　③ 从　④ 离

(7) バスで行きましょう。

我们（　）公共汽车去吧。

① 坐　② 骑　③ 开　④ 走

(8) この事はまだ彼に教えていません。

这件事我还没（　）他呢。

① 说　② 明白　③ 告诉　④ 问

(9) まっすぐ行って、五分で着きますよ。

往前走五分钟（　）到了。

① 可　② 就　③ 还　④ 都

(10) あなたの家から学校までどのように行きますか。

（　）你家到学校怎么走？

① 向　② 往　③ 离　④ 从

66

2 実力UP問題

1 (1)～(5)の日本語の意味に合う中国語を、それぞれ①～④の中から一つ選びなさい。

(1) あなたはどこに行きますか。
　① 你到哪儿去？　　　② 你到去哪儿？
　③ 你去哪儿到？　　　④ 哪儿你去到？

(2) 私は最近仕事があまり忙しくない。
　① 我最近不太忙工作。　　② 最近我工作太不忙。
　③ 最近我工作太忙不。　　④ 我最近工作不太忙。

(3) どうぞ遠慮しないでください。
　① 请不要客气。　　② 客气请不要。
　③ 请客气不要。　　④ 不要请客气。

(4) 私たちは車で行きます。
　① 我们开车去。　　② 我们去开车。
　③ 我们车开去。　　④ 我们车去开。

(5) ここで写真を撮ってもいいですか。
　① 这儿照片拍可以吗？　　② 拍照片可以这儿吗？
　③ 这儿可以拍照片吗？　　④ 可以拍照片这儿吗？

2 (6)～(10)の日本語を中国語（簡体字）に訳しなさい。

(6) ちょっと教えてください。

(7) バス停へはどのように行きますか。

(8) 道に迷いました。

(9) まっすぐ行けばすぐ着きます。

(10) 公園はここから近いですか。

第 9 課　先生のお宅訪問

Scene 1　手土産を渡す　🎵56　🎵117（歌 ver.）

A：老师 好！
　　Lǎoshī hǎo!
　　ラオシー　ハオ！

B：请 进来。
　　Qǐng jìnlai.
　　チン　ジンライ

A：这 是 我 的 一点 心意。
　　Zhè shì wǒ de yìdiǎn xīnyì.
　　ジャー　シー　ウォ　ダ　イーディエン　シンイー

A：日本 酒 能 喝 吗？
　　Rìběn jiǔ néng hē ma?
　　リーベン　ジオ　ノン　フー　マ？

B：很 喜欢。 谢谢 你。
　　Hěn xǐhuan.　Xièxie nǐ.
　　ヘン　シーホワン　シエシエ　ニー

単語　🎵57

- 进来 jìnlai　入って来る
- 日本酒 Rìběn jiǔ　日本酒
- 一点心意 yìdiǎn xīnyì　ほんの気持ち

日本語訳

A：先生こんにちは！　　B：どうぞ中へ入って。
A：これはほんの気持ちです。
A：日本酒ですが、飲めますか。
B：とても好きですよ。ありがとう

Point

1. 助動詞"能"

"能"は「～することができる」の意味で、動詞の前に用い、能力・条件・状況を表します。否定には"不能"が用いられます。

ex 他能写一百个汉字。
　　Tā néng xiě yìbǎi ge hànzì.　　　彼は百個の漢字が書けます。

　　我明天不能去学校。
　　Wǒ míngtiān bù néng qù xuéxiào.　　私は明日学校に行くことができません。

2. 方向補語"进来"

動詞の後ろに、方向を表す動詞がつくと、動作の移動方向を表します。方向補語が一つの方向動詞で構成されているものを「単純方向補語」といい、二つの方向動詞が組み合わさって構成されているものを「複合方向補語」といいます。

①単純方向補語（　　　）　V＋方向補語
②複合方向補語（　　　）　V＋［进／出／上…起］＋来／去

	进	出	上	下	回	过	起
来	进来	出来	上来	下来	回来	过来	起来
去	进去	出去	上去	下去	回去	过去	／

ex 我们上去吧。
　　Wǒmen shàngqu ba.　　　上に行きましょう。

　　老师走进教室来了。
　　Lǎoshī zǒujìn jiàoshì lái le.　　先生は教室に入ってきました。

　　他买来了一箱桔子。
　　Tā mǎilái le yì xiāng júzi.　　彼はミカンを一箱買ってきました。

第9課

Scene 2　手料理を頂く　♪58　♪118(歌 ver.)

A：家常菜　好吃　吗？
　　Jiāchángcài　hǎochī　ma?
　　ジアチャンツァイ　ハオチー　マ？

B：很　好吃。　都　喜欢。
　　Hěn　hǎochī.　Dōu　xǐhuan.
　　ヘン　ハオチー　ドウ　シーホワン

A：辣　不　辣？　　　　B：有点　辣。
　　Là　bu　là?　　　　　Yǒudiǎn　là.
　　ラー　ブー　ラー？　　ヨウディエン　ラー

A：多　吃　点。　别　客气。
　　Duō　chī　diǎn.　Bié　kèqi.
　　ドゥオ　チー　ディエン　ビエ　クーチ

単語　♪59

- 家常菜 jiāchángcài　家庭料理
- 辣 là　辛い
- 多 duō　たくさん
- 别 bié　～しないで
- 客气 kèqi　遠慮

日本語訳

A：家庭料理です、美味しいですか。
B：とても美味しいです。全部好きです。
A：辛くないですか。　　B：少し辛いです。
A：たくさん食べてくださいね。遠慮はいりませんよ。

> **Point**

3．"好"＋動詞

"好＋動詞（吃・喝・看・听・玩儿）"で、「美味しい」、「きれい」、「おもしろい」などの意味を表します。

好吃	hǎochī	（食べ物が）美味しい
好喝	hǎohē	（飲み物が）美味しい
好看	hǎokàn	（見た目が）きれい
好听	hǎotīng	（声・音が）良い　すばらしい
好玩儿	hǎowánr	おもしろい　楽しい

4．副詞"有点"

"有点＋形容詞"で「ちょっと」の意味で、程度が高くないことを表します。望ましくない状態を表すことが多いです。

ex　今天有点热。
　　Jīntiān yǒudiǎn rè.　　　　　　　　今日はちょっと暑いです。

　　那个超市有点贵。
　　Nàge chāoshì yǒudiǎn guì.　　　　あのスーパーは少し高いです。

第9課

補充例文

◆ 请里边坐。　　　　　　　　——谢谢。

◆ 这是日本的点心，请收下。　——你太客气了。

◆ 给您添麻烦了。　　　　　　——哪里哪里。

補充語句　　　　　　　　　　　　　　　🎵60

□ 里边 lǐbian　奥の方、中　　　　□ 添麻烦 tiān máfan　（面倒を）かける
□ 点心 diǎnxin　軽食、間食　　　□ 哪里哪里 nǎli nǎli　どういたしまして
□ 收下 shōuxià　受け取る

練習問題

1 基礎問題

1 (1)～(5)の中国語の正しいピンイン表記をそれぞれ①～④の中から一つ選びなさい。

(1) 进来　　① jìnglái　　② jìnglai　　③ jìnlai　　④ jǐnlái

(2) 里边　　① lǐmiàn　　② lǐmian　　③ lǐbiàn　　④ lǐbian

(3) 能　　　① nóng　　　② néng　　　③ náng　　　④ níng

(4) 辣　　　① lā　　　　② lǎ　　　　③ lá　　　　④ là

(5) 客气　　① kèqì　　　② kùqì　　　③ kèqi　　　④ kùqi

2 (6)～(10)の日本語の意味になるように空欄を埋める時、最も適当なものを、一つ選びなさい。

(6) 明日はカメラを持って来られますか。

　　你明天（　　）带照相机来吗？
　　　① 要　　② 会　　③ 能　　④ 用

(7) どの傘があなたのですか。

　　哪（　　）雨伞是你的？
　　　① 枝　　② 个　　③ 条　　④ 把

(8) ディズニーランドは楽しかった。

　　迪斯尼乐园真（　　）。
　　　① 好听　　② 好看　　③ 好闻　　④ 好玩儿

(9) 寝る前はできるだけ携帯電話で遊ばないようにしましょう。

　　睡觉前尽量（　　）玩手机吧。
　　　① 多　　② 别　　③ 小　　④ 好

(10) 学校に戻ってちょっと休憩しましょう。

　　我们（　　）学校（　　）休息一下吧。
　　　① 回……去　　② 回……来　　③ 到……来　　④ 到……去

72

2 実力UP問題

1 (1)～(5)の日本語の意味に合う中国語を、それぞれ①～④の中から一つ選びなさい。

(1) 辛いものは食べられますか。
　　① 你能辣吃的吗？　　② 你能吃辣吗的？
　　③ 你能吃辣的吗？　　④ 你吃辣的能吗？

(2) 私は外から帰ってきたばかりです。
　　① 我从外面回刚来。　　② 我刚回来从外面。
　　③ 我从刚外面回来。　　④ 我刚从外面回来。

(3) 彼は教室を出て行きました。
　　① 他走出教室去了。　　② 他走出去教室了。
　　③ 他走教室出去了。　　④ 他出教室去走了。

(4) この自転車は少し古いです。
　　① 这辆自行车旧有点儿。　　② 这辆自行车有点儿旧。
　　③ 这辆自行车有旧点儿。　　④ 这自行车辆有点儿旧。

(5) 昨日私は日本に帰ってきました。
　　① 昨天我回来日本了。　　② 昨天我回日本来了。
　　③ 昨天我日本回来了。　　④ 昨天我回了日本来。

2 (6)～(10)の日本語を中国語（簡体字）に訳しなさい。

(6) これはほんの気持ちです。　　...

(7) あなたは明日来られますか。　　...

(8) 彼は昨日東京に帰っていった。　　...

(9) 中華料理は辛いですか。　　...

(10) 先生が作った料理はとても美味しい。

....

第10課 病院へ行く

Scene 1 風邪をひいた　　　🎵 61　🎵 119（歌 ver.）

A：感冒　了，嗓子　疼。
　　Gǎnmào　le,　sǎngzi　téng.
　　ガンマオ　ラ　　サンズ　　トン

A：还　拉　肚子，怎么　办？
　　Hái　lā　dùzi,　zěnme　bàn?
　　ハイ　ラー　ドゥーズ　ゼンマ　バン？

B：去　医院　吃　点　药。
　　Qù　yīyuàn　chī　diǎn　yào.
　　チュー　イーユエン　チー　ディエン　ヤオ

　　多　喝　水，好好儿　休息。
　　Duō　hē　shuǐ,　hǎohāor　xiūxi.
　　ドゥオ　フー　シュエイ　ハオハオ　シウシ

単語　　　🎵 62

- ☐ 感冒 gǎnmào　風邪をひく
- ☐ 嗓子 sǎngzi　喉
- ☐ 疼 téng　痛い
- ☐ 拉肚子 lā dùzi　下痢をする
- ☐ 怎么办 zěnme bàn　どうしよう
- ☐ 医院 yīyuàn　病院
- ☐ 药 yào　薬
- ☐ 好好儿 hǎohāor　しっかり
- ☐ 休息 xiūxi　休憩する

日本語訳

A：風邪をひいて喉が痛いです。
A：下痢もしています。どうしましょう。
B：病院へ行って、薬を飲んで、
　しっかり水分をとって、ゆっくり休みましょう。

Point

1．動詞＋"点"

"動詞（吃 chī・喝 hē・看 kàn）＋点 diǎn"で「ちょっと～する」、「気軽に～する」の意味を表します。

ex 你再吃点吧。
Nǐ zài chī diǎn ba.　　　　　　もうちょっと食べなさい。

我想喝点水。
Wǒ xiǎng hē diǎn shuǐ.　　　　ちょっと水を飲みたい。

2．副詞"还"

"还"は「それに」、「なお」、「そのうえ」の意味を表し、程度・数量・範囲を強調します。

ex 我有两个哥哥，还有一个妹妹。
Wǒ yǒu liǎng ge gēge, hái yǒu yí ge mèimei.
私は兄が二人、それに妹が一人います。

ex 她吃了一块蛋糕，还喝了两杯咖啡。
Tā chīle yí kuài dàngāo, hái hēle liǎng bēi kāfēi.
彼女はケーキを一つ食べ、そのうえコーヒーを二杯飲みました。

第10課

Scene 2　診察を受ける

🎵 63　🎵 120(歌 ver.)

A：哪儿　不　舒服？
　　Nǎr　bù　shūfu?
　　ナー　ブ　シューフ？

B：肚子　疼。
　　Dùzi　téng.
　　ドゥーズ　トン

A：张开　嘴。感冒　了。
　　Zhāngkāi　zuǐ.　gǎnmào　le.
　　ジャンカイ　ズェイ　ガンマオ　ラ

A：给　你　药，饭后　吃。
　　Gěi　nǐ　yào,　fànhòu　chī.
　　ゲイ　ニー　ヤオ　ファンホウ　チー

A：一　天　三　次　多　保重。
　　Yì　tiān　sān　cì　duō　bǎozhòng.
　　イー　ティエン　サン　ツー　ドゥオ　バオジョン

単語

🎵 64

- 哪儿 nǎr　どこ
- 不舒服 bù shūfu　気持ち悪い
- 肚子 dùzi　お腹
- 张开 zhāngkāi　開ける
- 嘴 zuǐ　口
- 给 gěi　あげる
- 饭后 fànhòu　食後
- 一天 yì tiān　一日
- 三次 sān cì　三回
- 保重 bǎozhòng　大事にする

日本語訳

A：どうしましたか。　　B：お腹が痛いです。
A：口を開けてください。風邪ですね。
A：薬を出しますので、食後に飲んでください。
A：一日三回です。　お大事に。

Point

3．介詞"给"

"给"は「〜に」の意味で、ある人のために、何かをしてあげることを表します。

ex 请给我看一下。
Qǐng gěi wǒ kàn yíxià.　　　私に少し見せてください。

我想给妈妈买件礼物。
Wǒ xiǎng gěi māma mǎi jiàn lǐwù.　　　母にプレゼントを買いたいです。

4．動作の量の表し方

動作の量（動作の継続時間）や回数を表す数量表現は、通常動詞の後に置きます。また、動詞が目的語を持つ場合、数量表現は動詞と目的語の間に置きます。

ex 我每天学习三个小时。
Wǒ měitiān xuéxí sān ge xiǎoshí.　　　私は毎日3時間勉強します。

我每天学习三个小时汉语。
Wǒ měitiān xuéxí sān ge xiǎoshí Hànyǔ.　　　私は毎日中国語を3時間勉強します。

我去过三次西安。
Wǒ qùguo sān cì Xī'ān.　　　私は3回西安に行ったことがあります。

補充例文

◆ 今天别去学校了。　　　——好，我打电话请假。

◆ 还没去医院吗？　　　——我这就去。

◆ 多睡觉，少看电视。　　　——知道了。

補充語句　🎵 65

□ 别 bié　〜しないで	□ 睡觉 shuìjiào　寝る
□ 请假 qǐngjià　休暇をとる	□ 电视 diànshì　テレビ
□ 这就 zhèjiù　これからすぐ	□ 知道 zhīdao　知っている

練習問題

1 基礎問題

1 (1)～(5)の中国語と声調の組み合わせが同じものを、それぞれ①～④の中から一つ選びなさい。

(1) 正在　　① 那里　　② 医院　　③ 护照　　④ 还是

(2) 舒服　　① 身体　　② 衣服　　③ 车站　　④ 银行

(3) 保重　　① 好看　　② 后边　　③ 火车　　④ 电话

(4) 张开　　① 高中　　② 换钱　　③ 不过　　④ 人民

(5) 三次　　① 菜单　　② 中国　　③ 多大　　④ 北京

2 (6)～(10)の日本語の意味になるように空欄を埋める時、最も適当なものを、一つ選びなさい。

(6) どうしましたか。

　　你（　　）不舒服？
　　　① 什么　② 这儿　③ 那儿　④ 哪儿

(7) 頭が痛いならちょっと薬を飲んだらどうでしょう。

　　你头疼，吃（　　）药吧。
　　　① 点　② 了　③ 着　④ 有点

(8) 母に誕生日プレゼントを買ってあげたいです。

　　我想（　　）妈妈买生日礼物。
　　　① 给　② 对　③ 往　④ 向

(9) 寒くなってきたので、お大事にしてください。

　　天冷了，请你（　　）保重。
　　　① 太　② 多　③ 挺　④ 少

(10) 今日はしっかり勉強しましょう！

　　今天（　　）学习吧！
　　　① 看看　② 多多　③ 好好　④ 慢慢

2 実力UP問題

1 (1)～(5)の日本語の意味に合う中国語を、それぞれ①～④を並べ替えたとき、[ ]内に入るものを選びなさい。

(1) 映画のチケットをください。

[　] 　　　 　　　 　　　 吧。
① 电影票　　② 我　　③ 给　　④ 一张

(2) 昨日私は3時間勉強しました。

昨天 　　　 　　　 [　] 　　　 。
① 了　　② 学习　　③ 三个小时　　④ 我

(3) 彼は毎日2時間中国語を勉強します。

他 　　　 [　] 　　　 　　　 。
① 两个小时　　② 学习　　③ 汉语　　④ 每天

(4) 私は少し白湯を飲みたいです。

我 　　　 　　　 [　] 　　　 。
① 想　　② 白开水　　③ 喝　　④ 点

(5) 日本酒を一度飲んだことがあります。

我 　　　 　　　 [　] 　　　 。
① 过　　② 一次　　③ 喝　　④ 日本酒

2 (6)～(10)の日本語を中国語（簡体字）に訳しなさい。

(6) 私は風邪をひきました。

(7) あなたは薬を飲みましたか。

(8) 張先生は私たちに中国語を教えています。

(9) 北京ダックを一度食べてみたい。

(10) 私は頭が痛くて、そのうえ下痢をしています。

第11課　旅行へ行く

Scene 1　九寨溝へ行く　🎵66　🎵121（歌 ver.）

A：你 打算 去 哪里？
　　Nǐ　dǎsuan　qù　nǎli?
　　ニー　ダースワン　チュー　ナァリ？

B：我 要 去 九寨沟。
　　Wǒ　yào　qù　Jiǔzhàigōu.
　　ウォ　ヤオ　チュー　ジオジャイゴウ

A：火车票 好 买 吗？
　　Huǒchēpiào　hǎo　mǎi　ma?
　　フオチャーピャオ　ハオ　マイ　マ？

B：我 估计 很 难 买。
　　Wǒ　gūjì　hěn　nán　mǎi.
　　ウォ　グージー　ヘン　ナン　マイ

単語　🎵67

- 打算 dǎsuan　〜するつもりだ
- 要 yào　〜したい
- 九寨沟 Jiǔzhàigōu　九寨溝
- 火车 huǒchē　汽車
- 票 piào　チケット
- 好 hǎo　〜しやすい
- 买 mǎi　買う
- 估计 gūjì　きっと〜だろう
- 难 nán　難しい

日本語訳

A：あなたはどこに行く予定ですか。
B：私は九寨溝に行きたいです。
A：チケットは手に入りやすいですか。
B：きっと手に入りにくいと思います。

80

Point

1. 助動詞"打算"

"打算＋動詞"で「～するつもり」、「予定である」の意味を表します。

ex 我春节打算回老家。
Wǒ Chūnjié dǎsuan huí lǎojiā.　　私は春節に故郷に帰るつもりです。

你暑假有什么打算？
Nǐ shǔjià yǒu shénme dǎsuan?　　あなたは夏休みに何か予定がありますか？

2. "好"/"难"＋動詞

"好＋動詞"「～しやすい」、「容易に～できる」
"难＋動詞"「～しにくい」、「しがたい」

ex 这件事好办。
Zhè jiàn shì hǎo bàn.　　この事はやりやすい。

他的日语很难懂。
Tā de Rìyǔ hěn nán dǒng.　　彼の日本語はわかりにくい。

第11課

Scene 2　トイレ、コンビニを探す　🎵 68　🎵 122（歌 ver.）

A：洗手间　在　哪里？
　　Xǐshǒujiān　zài　nǎli?
　　シーショウジエン　ザイ　ナァリ？

B：在　那边。　有　纸　吗？
　　Zài　nàbiān.　Yǒu　zhǐ　ma?
　　ザイ　ナービエン　ヨウ　ジー　マ？

A：便利店　在　哪里？
　　Biànlìdiàn　zài　nǎli?
　　ビエンリディエン　ザイ　ナァリ？

B：过　马路　就　到　了。
　　Guò　mǎlù　jiù　dào　le.
　　グオ　マールー　ジオ　ダオ　ラ

単語　🎵 69

- 洗手间 xǐshǒujiān　お手洗い
- 那边 nàbiān　あの辺り
- 纸 zhǐ　紙、ペーパー
- 便利店 biànlìdiàn　コンビニ
- 过 guò　渡る
- 马路 mǎlù　通り

日本語訳

A：お手洗いはどこですか。
B：あそこです。ティッシュを持っていますか。
A：コンビニはどこですか。
B：道を渡ったらすぐにありますよ。

> **Point**

3．動詞"在"

"在"zài は「～が…にいる／ある」の意味で、人や物の存在場所を表します。否定には"不"を用います。

語順：人・物＋"在"＋場所

ex 我明天在家。
Wǒ míngtiān zài jiā.　　　私は明日家にいます。

4．動詞"有"

"有"yǒu は「～には…がいる／ある」の意味で、人や物の存在を表します。否定には"没有"méiyǒu を用います。所有を表す場合もあります。"在"とは語順が異なるので注意しましょう。

語順：場所＋"有"＋人・物

ex 我家附近有一个公园。
Wǒ jiā fùjìn yǒu yí ge gōngyuán.　　　私の家の近くに公園があります。

第11課

補充例文

◆ 学校里有食堂吗？　　　――有，有两个食堂。

◆ 卫生间在哪儿？　　　――在那儿。

◆ 你看，那儿有一家银行。　　　――太好了，可以换钱了。

補充語句

♪70

□ 食堂 shítáng　食堂
□ 卫生间 wèishēngjiān　トイレ
□ 家 jiā　（助数詞）軒
□ 银行 yínháng　銀行

83

練習問題

1 基礎問題

1 (1)～(5)の中国語の正しいピンイン表記をそれぞれ①～④の中から一つ選びなさい。

(1) 马路　　① mǎrù　　② bǎrù　　③ mǎlù　　④ bǎlù

(2) 好买　　① hǎomǎi　② hǎomài　③ hàomǎi　④ hàomài

(3) 火车　　① huǒchā　② fuǒchā　③ fuǒchē　④ huǒchē

(4) 估计　　① kūjì　　② gūjì　　③ kǔjì　　④ gǔjì

(5) 纸　　　① zhǐ　　② shǐ　　③ chǐ　　④ zǐ

2 (6)～(10)の日本語の意味になるように空欄を埋める時、最も適当なものを、一つ選びなさい。

(6) ここに紙が三枚あります。

这儿有三（　　）纸。
　① 块　② 本　③ 张　④ 枝

(7) あの人はフランス人ですよね。

那个人是法国人（　　）。
　① 吧　② 啊　③ 呢　④ 吗

(8) 大学の中に本屋がありますか。

大学（　　）有书店吗？
　① 中　② 里　③ 内　④ 外

(9) コンビニはあの銀行の隣にあります。

便利店（　　）那家银行的旁边。
　① 在　② 有　③ 坐　④ 过

(10) このハサミは使いやすいですか。

这把剪刀（　　）用吗？
　① 好　② 可以　③ 难　④ 爱

84

2 実力UP問題

1 (1)～(5)の日本語の意味に合う中国語を、それぞれ①～④を並べ替えたとき、[   ]内に入るものを選びなさい。

(1) あなたの車の鍵はどこですか。

　　_____ [_____] _____ _____ ?
　　① 在　　② 你的　　③ 哪儿　　④ 车钥匙

(2) 週末あなたはどこへ遊びに行く予定ですか。

　　周末你 _____ _____ [_____] _____ ?
　　① 打算　　② 去　　③ 玩儿　　④ 哪儿

(3) 私は彼も参加すると思います。

　　我 [_____] _____ _____ _____ 。
　　① 他　　② 参加　　③ 也　　④ 估计

(4) 私は地下鉄で行きたくないです。

　　我 _____ [_____] _____ _____ 。
　　① 坐　　② 去　　③ 不想　　④ 地铁

(5) 道を渡るのに注意すべきことは何ですか。

　　_____ [_____] _____ _____ 什么？
　　① 过　　② 注意　　③ 要　　④ 马路

2 (6)～(10)の日本語を中国語（簡体字）に訳しなさい。

(6) 先生の発音は分かりやすいですか。　　..

(7) 映画のチケットは手に入りやすいですか。　..

(8) 教室に学生が二人います。　　　　　　..

(9) あなたの自転車はどこにありますか。　　..

(10) 机に本は何冊ありますか。　　　　　　..

第12課　ホテルに泊まる

Scene 1　ホテルを探す　　🎵71　🎵123（歌 ver.）

A：我　要　办　住房　手续。
　　Wǒ　yào　bàn　zhùfáng　shǒuxù.
　　ウォ　ヤオ　バン　ジューファン　ショウシュ

A：有　没有　空　房间？
　　Yǒu　méiyou　kòng　fángjiān?
　　ヨウ　メイヨウ　コン　ファンジエン？

B：对不起！
　　Duìbuqǐ!
　　ドゥイブーチー！

B：今天　没有　空　房　了。
　　Jīntiān　méiyou　kòng　fáng　le.
　　ジンティエン　メイヨウ　コン　ファン　ラ

単語　🎵72

- 办 bàn　（手続きを）行う
- 住房 zhùfáng　住宅、居間
- 手续 shǒuxù　手続き
- 有 yǒu　ある、いる
- 房间 fángjiān　部屋
- 对不起 duìbuqǐ　ごめんなさい
- 今天 jīntiān　今日
- 空房 kòng fáng　空き部屋

日本語訳

A：チェックインをしたいのですが、
A：空いている部屋はありますか。
B：申し訳ありません。
B：今日は満室です（空いている部屋がありません）。

Point

1. 助動詞"要"

"要＋動詞"で「〜したい」の意味を表し、助動詞"想"よりも強い意志と願望を表します。

ex 我要学游泳。
　　Wǒ yào xué yóuyǒng.　　　　　私は水泳を習いたいです。

你要借什么书？
Nǐ yào jiè shénme shū?　　　　あなたはどんな本を借りたいですか？

2. "是……的"構文

すでに行われた動作について、「誰が」「いつ」「どこ」「どのように」行われたかを説明する、あるいはその説明を求める場合、"是……的"構文を使います。

ex 你是怎么来的？
　　Nǐ shì zěnme lái de?　　　　あなたはどのように来たのですか。

我是骑自行车来的。
Wǒ shì qí zìxíngchē lái de.　　私は自転車で来ました。

補充例文

- ◆ 您要几个房间？　　　——我要两间双人房。
- ◆ 您是前天来的吗？　　——不，我是昨天来的。
- ◆ 能用信用卡支付吗？　——可以，一共八百六十块。
- ◆ 可以刷卡吗？　　　　——没问题。
- ◆ 我要办退房手续。　　——好的。请稍等。

補充語句

□ 双人房 shuāngrénfáng　ツインルーム
□ 一共 yígòng　全部で
□ 信用卡 xìnyòngkǎ　クレジットカード
□ 刷卡 shuā kǎ　クレジットカードで支払う
□ 支付 zhīfù　（金を）支払う
□ 退房手续 tuìfáng shǒuxù　チェックアウト

練習問題

1 基礎問題

1 (1)〜(5)の中国語と声調の組み合わせが同じものを、それぞれ①〜④の中から一つ選びなさい。

(1) 房间　① 前年　② 今天　③ 钱包　④ 中国
(2) 支付　① 早饭　② 分钟　③ 身体　④ 商店
(3) 可以　① 好喝　② 洗澡　③ 旅游　④ 打算
(4) 一共　① 一张　② 一本　③ 一次　④ 一回
(5) 手续　① 电影　② 报纸　③ 比赛　④ 小说

2 (6)〜(10)の日本語の意味になるように空欄を埋める時、最も適当なものを、一つ選びなさい。

(6) チェックインをしたいのですが。

　　我要（　　）住房手续。
　　　① 行　② 干　③ 办　④ 看

(7) 昨日椅子を一脚買いました。

　　昨天我买了一（　　）椅子。
　　　① 把　② 脚　③ 台　④ 件

(8) 浅草に行くには乗り替えがいりますか。

　　去浅草（　　）换车吗？
　　　① 想　② 打算　③ 要　④ 能

(9) 昨日の内容を復習してください。

　　请复习（　　）昨天的内容。
　　　① 一下儿　② 一点儿　③ 一些　④ 一会儿

(10) クレジットカードを使ってもいいですか。

　　我（　　）刷卡吗？
　　　① 可以　② 怎么　③ 应该　④ 会

2 実力UP問題

1 (1)～(5)の日本語の意味に合う中国語を、それぞれ①～④の中から一つ選びなさい。

(1) 8月6日から2泊です。
① 八月六日住开始两个晚上。　② 八月六日开始住两个晚上。
③ 八月六日开始两个住晚上。　④ 开始八月六日住两个晚上。

(2) この月餅は上海で買ったのです。
① 这个月饼是在买的上海。　② 这个在上海买的是月饼。
③ 这个月饼是在上海买的。　④ 这个上海的月饼是在买。

(3) ここにサインをお願いします。
① 在这里请您签字。　② 请您签字在这里。
③ 请您在签字这里。　④ 请您在这里签字。

(4) あなたたちの会社はいつ立ち上げたのですか。
① 你们公司是哪一年成立的？　② 你们公司成立的哪一年？
③ 你们成立的公司是哪一年？　④ 哪一年成立的是你们公司？

(5) 明後日のツインルームを予約したいです。
① 我想订后天的双人房。　② 我想后天的订双人房。
③ 我双人房想订后天的。　④ 我想订后天双人房的。

2 (6)～(10)の日本語を中国語（簡体字）に訳しなさい。

(6) 空いている部屋はありますか。　　　　　　　　　　　　　　

(7) この近くに病院はありますか。　　　　　　　　　　　　　　

(8) チェックアウトしたいのですが。　　　　　　　　　　　　　

(9) あなたはどこで学んだのですか。　　　　　　　　　　　　　

(10) あなたは何時に来たのですか。　　　　　　　　　　　　　　

第12課

第13課 トラブル

Scene 1 財布を失くした　　🎵74　🎵124(歌 ver.)

A: 丢 钱包 真 倒霉。
　　Diū qiánbāo zhēn dǎoméi.
　　ディユ チエンバオ ジェン ダオメイ

B: 钱包 里 有 什么？
　　Qiánbāo li yǒu shénme?
　　チエンバオ リ ヨウ シェンマ？

A: 信用卡 和 现金。
　　Xìnyòngkǎ hé xiànjīn.
　　シンヨンカ フー シエンジン

A: 派出所 在 哪里？
　　Pàichūsuǒ zài nǎli?
　　パイチュースオ ザイ ナァリ？

単語　　🎵75

- 丢 diū　失くす
- 钱包 qiánbāo　財布
- 倒霉 dǎoméi　最悪だ
- 里 li　〜の中
- 和 hé　〜と
- 现金 xiànjīn　現金
- 派出所 pàichūsuǒ　派出所

日本語訳

A: 財布を失くしました。最悪です。
B: 財布の中には何が入っていますか。
A: クレジットカードと現金です。
A: 派出所はどこですか。

Point

1．方位詞

里边 lǐbian	外边 wàibian	前边 qiánbian	后边 hòubian
上边 shàngbian	下边 xiàbian	旁边 pángbiān	对面 duìmiàn
东边 dōngbian	南边 nánbian	西边 xībian	北边 běibian

2．"在"の三つの用法

(1) 動詞「いる・ある」

> **ex** 她在那儿。
> Tā zài nàr.　　　　　　　　　彼女はあそこにいる。

(2) 介詞「(場所) で」

> **ex** 我们在公园见面。
> Wǒmen zài gōngyuán jiànmiàn.　　私たちは公園で会う。

(3) 副詞「している」

> **ex** 爸爸在看电视。
> Bàba zài kàn diànshì.　　　　　父はテレビを見ている。

3．受身表現

　受身の表現は、"被"を使って表します。被害をこうむった場合など、不本意なときに使うことが多いです。口語では"让"／"叫"も同じはたらきをします。
　語順：動作を受けるもの＋"被"＋動作を実行するもの＋動詞句

> **ex** 我被人打了。
> Wǒ bèi rén dǎ le.　　　　　　私は人にぶたれた。

第13課

Scene 2　ホテルのトラブル（お湯が出ない）　🎵76　🎵125(歌 ver.)

A：喂， 你 好。 我 洗澡，
　　Wèi, nǐ hǎo. Wǒ xǐzǎo,
　　ウェイ　ニー　ハオ　ウォ　シーザオ

　　没 热水。 怎么 办？
　　méi rèshuǐ. Zěnme bàn?
　　メイ　ルーシュエイ　ゼンマ　バン？

　　房间 号 四 零 八。
　　Fángjiān hào sì líng bā.
　　ファンジエン　ハオ　スー　リン　バー

B：知道 了。 马上 到。
　　Zhīdao le. Mǎshàng dào.
　　ジーダオ　ラ　マーシャン　ダオ

単語　🎵77

- 洗澡 xǐzǎo　シャワーを浴びる
- 热水 rèshuǐ　お湯
- 房间 fángjiān　部屋
- 号 hào　番号
- 知道 zhīdao　わかる
- 马上 mǎshàng　すぐに

日本語訳

A：もしもしこんにちは。　シャワーを浴びていたらお湯が出なくなりました。どうしたらいいですか。部屋番号は408です。
B：わかりました。すぐに行きます。

Point

4．部屋番号の読み方

三桁以上ある部屋番号、電話番号、年号は一つ一つ読みます。

ex 我住在 1216 房间。
Wǒ zhù zài yī'èryīliù fángjiān.　　私は1216号部屋に泊まっています。

我的电话号码是 53062398。
Wǒ de diànhuà hàomǎ shì wǔsānlíngliù èrsānjiǔbā.
私の電話番号は53062398です。

去年 2018 年。
Qùnián èr líng yī bā nián.　　昨年は2018年です。

5．ホテルでよく使う単語

前台	qiántái	フロント
大厅	dàtīng	ロビー
开房	kāi fáng	チェックイン
退房	tuì fáng	チェックアウト
分机	fēnjī	内線
无线网	wúxiànwǎng	Wi-Fi

第13課

補充例文

◆ 我把手机丢了。　　——在哪儿丢的？

◆ 房间都有冰箱吗？　　——不都有。单人房里没有冰箱。

◆ 请给我换一个能上网的房间。　　——好的。给您房卡。

◆ 钱包被我弄丢了。　　——别急，我帮你找找。

補充語句

♪78

☐ 手机 shǒujī　携帯電話
☐ 冰箱 bīngxiāng　冷蔵庫
☐ 单人间 dānrénjiān　シングルルーム
☐ 弄 nòng　いじる、やる
☐ 上网 shàngwǎng　ネットに接続する
☐ 房卡 fángkǎ　（部屋の）カードキー
☐ 被 bèi　…に～される（受身を表す）
☐ 急 jí　焦る

93

練習問題

1 基礎問題

1 (1)～(5)の中国語で声調の組み合わせが他と異なるものを、それぞれ①～④の中から一つ選びなさい。

(1) ① 洗澡　　② 可以　　③ 门口　　④ 理解

(2) ① 地铁　　② 汉语　　③ 下午　　④ 现在

(3) ① 城市　　② 同意　　③ 相信　　④ 文化

(4) ① 音乐　　② 咖啡　　③ 飞机　　④ 书包

(5) ① 过年　　② 外国　　③ 教室　　④ 大人

2 (6)～(10)の日本語の意味になるように空欄を埋める時、最も適当なものを、一つ選びなさい。

(6) 遅刻しそうです。どうしましょう。

　　快迟到了。(　　)？

　　　① 怎么　　② 怎么样　　③ 怎么了　　④ 怎么办

(7) お皿の中に一切れのケーキがあります。

　　盘子(　　)有一(　　)蛋糕。

　　　① 里…张　　② 里…块　　③ 中…个　　④ 中…切

(8) 彼はジョギング中です。

　　他在跑步(　　)。

　　　① 吗　　② 呢　　③ 着　　④ 了

(9) 彼と私はどちらも中国人です。

　　他(　　)我(　　)是中国人。

　　　① 和…才　　② 和…都　　③ 跟…也　　④ 跟…就

(10) 今晩私たちはカラオケで会います。

　　今晩我们(　　)卡拉OK见面。

　　　① 向　　② 有　　③ 在　　④ 对

94

2 実力UP問題

1 (1)~(5)の日本語の意味に合う中国語を、それぞれ①~④を並べ替えたとき、[   ]内に入るものを選びなさい。

(1) 私は30分シャワーを浴びました。

　　我 ＿＿＿ ＿＿＿ [＿＿＿] ＿＿＿ 。
　　　① 洗　② 了　③ 澡　④ 三十分钟

(2) 食堂は喫茶店の隣にあります。

　　食堂 ＿＿＿ ＿＿＿ [＿＿＿] ＿＿＿ 。
　　　① 咖啡店　② 在　③ 旁边　④ 的

(3) いますぐそちらに行きます。

　　我 [＿＿＿] ＿＿＿ ＿＿＿ ＿＿＿ 。
　　　① 你　② 去　③ 马上　④ 那儿

(4) しまった！終電がすでにいってしまった。

　　糟了！＿＿＿ [＿＿＿] ＿＿＿ ＿＿＿ 。
　　　① 已经　② 了　③ 末班车　④ 开走

(5) パスポートを盗まれた。

　　＿＿＿ ＿＿＿ [＿＿＿] ＿＿＿ 。
　　　① 护照　② 我的　③ 被　④ 偷了

2 (6)~(10)の日本語を中国語（簡体字）に訳しなさい。

(6) 私は父に殴られた。

(7) 自転車はまた彼に盗まれた。

(8) カバンの中には何が入っていますか。

(9) 彼女は食事中です。

(10) あなたはどこで紛失しましたか。

第13課

95

第14課 空港・機内にて

Scene 1 搭乗手続き　🎵79　🎵126（歌 ver.）

A: 去 哪里？
　　Qù　nǎli?
　　チュー　ナァリ？

B: 去 日本。
　　Qù　Rìběn.
　　チュー　リーベン

A: 靠 窗户？ 靠 过道？
　　Kào　chuānghu?　Kào　guòdào?
　　カオ　チュワンフ？　カオ　グオダオ？

A: 有 没有 易 碎 品？
　　Yǒu　méiyǒu　yì　suì　pǐn?
　　ヨウ　メイヨウ　イー　スイ　ピン？

A: 超重 了，加 钱 吧。
　　Chāozhòng　le,　jiā　qián　ba.
　　チャオジョン　ラ　ジア　チエン　バ

単語　🎵80

- 靠 kào　〜寄り
- 窗户 chuānghu　窓
- 过道 guòdào　通路
- 易碎品 yì suì pǐn　割れやすいもの
- 超重 chāozhòng　重さが超過する
- 加钱 jiā qián　超過料金を払う

日本語訳

A: どこへ行きますか。　B: 日本へ行きます。
A: 窓際がいいですか。通路側がいいですか。
A: 割れやすい物はありませんか。
A: 重さが超過しています。超過料金をお願いします。

Point

1. 選択疑問文 "还是"

"还是" は「〜それとも〜か」の意味で、選択的に事柄を尋ねます。

ex 明天去还是后天去？
　　Míngtiān qù háishi hòutiān qù?
　　明日行きますか、それとも明後日行きますか。

　--- 后天去。
　　　Hòutiān qù.　　　　　　　　　　明後日行きます。

ex 你喝咖啡还是喝红茶？
　　Nǐ hē kāfēi háishi hē hóngchá?
　　コーヒーを飲みますか、それとも紅茶を飲みますか。

　--- 我喝红茶吧。
　　　Wǒ hē hóngchá ba.　　　　　　紅茶を飲みます。

2. 国の名前

日本	Rìběn	日本
中国	Zhōngguó	中国
法国	Fǎguó	フランス
英国	Yīngguó	イギリス
美国	Měiguó	アメリカ

第14課

Scene 2　キャビンアテンダントとのやりとり　♪81　♪127（歌 ver.）

A：哪 位 要 看 报纸？
　　Nǎ wèi yào kàn bàozhǐ?
　　ナァ　ウェイ　ヤオ　カン　バオジー？

B：有 日文 报纸 吗？
　　Yǒu Rìwén bàozhǐ ma?
　　ヨウ　リーウェン　バオジー　マ？

B：请 给 我 一 份 吧。
　　Qǐng gěi wǒ yí fèn ba
　　チン　ゲイ　ウォ　イー　フェン　バ

B：我 还 要 一 个 毛毯。
　　Wǒ hái yào yí ge máotǎn
　　ウォ　ハイ　ヤオ　イー　ガ　マオタン

単語　♪82

- 位 wèi　人を数える
- 报纸 bàozhǐ　新聞
- 一份 yí fèn　一部
- 毛毯 máotǎn　毛布

日本語訳

A：新聞を読む方はいらっしゃいますか。
B：日本語の新聞はありますか。
B：私に一部ください。
B：あと、毛布を一枚ください。

Point

3. "看"の用法

(1) 看「見る」

 ex 妈妈在看电视剧。
   Māma zài kàn diànshìjù.　　母はテレビドラマを見ています。

(2) 看「読む」

 ex 我喜欢看中文小说。
   Wǒ xǐhuan kàn Zhōngwén xiǎoshuō.　　私は中国語の小説を読むのが好きです。

(3) 看「会う」

 ex 他去看一个朋友。
   Tā qù kàn yí ge péngyou.　　彼は友達に会いに行きます。

(4) 看「思う」

 ex 我看明天不会下雨。
   Wǒ kàn míngtiān bú huì xiàyǔ.　　あした雨は降らないだろうと思います。

(5) 看「～によって決まる」

 ex 开不开运动会，要看天气。
   Kāi bukāi yùndònghuì, yào kàn tiānqì.　　運動会を開くかどうかは、天気次第です。

第14課

補充例文

◆ 您想喝点儿什么？　　——给我一杯咖啡吧。
◆ 您是去出差还是去旅游？　　——都不是。我去看我女儿。
◆ 我们几点去？　　——看你的方便。
◆ 我们想挨着坐。　　——没问题。

補充語句　♪83

□ **出差** chūchāi　出張する　　□ **旅游** lǚyóu　旅行（する）
□ **女儿** nǚ'ér　娘　　□ **挨** āi　そばに寄る

練習問題

1 基礎問題

1 (1)〜(5)の中国語と声調の組み合わせが同じものを、それぞれ①〜④の中から一つ選びなさい。

(1) 报纸　　① 早饭　　② 全体　　③ 电影　　④ 快乐

(2) 毛毯　　① 还是　　② 一定　　③ 汉语　　④ 词典

(3) 便宜　　① 儿童　　② 明白　　③ 东西　　④ 房子

(4) 日文　　① 打球　　② 去年　　③ 时候　　④ 红茶

(5) 出差　　① 英国　　② 天气　　③ 工作　　④ 咖啡

2 (6)〜(10)の日本語の意味になるように空欄を埋める時、最も適当なものを、一つ選びなさい。

(6) 新聞を読む方はいらっしゃいますか。

　　哪（　　）要看报纸？
　　　① 人　　② 位　　③ 方　　④ 只

(7) 朝早く行きましょう。

　　早上早（　　）去吧。
　　　① 一点儿　　② 一会儿　　③ 有点儿　　④ 有一些

(8) 彼は宿題をしていますか、それともゲームをしていますか。

　　他在做作业（　　）在玩游戏？
　　　① 可是　　② 还是　　③ 还能　　④ 可能

(9) 私はまだご飯が食べたいです。

　　我（　　）想（　　）吃一碗饭。
　　　① 还…又　　② 又…再　　③ 还…再　　④ 也…还

(10) あなたはどうすればいいと思いますか。

　　你（　　）怎么办好呢？
　　　① 问　　② 要　　③ 看　　④ 用

100

2 実力UP問題

1 (1)～(5)の日本語の意味に合う中国語を、それぞれ①～④の中から一つ選びなさい。

(1) 荷物は全部で二個です。
　　① 行李有一共两个。　　② 两个行李一共有。
　　③ 行李两个一共有。　　④ 行李一共有两个。

(2) 今晩は家でご飯を食べません。
　　① 今天晚上我不在家吃饭。　　② 今天晚上我吃饭不在家。
　　③ 今天晚上我在家不吃饭。　　④ 今天晚上我不吃饭在家。

(3) 通路側でお願いします。
　　① 请安排靠坐位过道的。　　② 请安排靠过道的坐位。
　　③ 安排靠过道的坐位请。　　④ 请安排坐位过道靠的。

(4) あなたのご都合に合わせます。
　　① 你看方便的。　　② 看方便的你。
　　③ 看你的方便。　　④ 你看的方便。

(5) 今日は車で行けません。
　　① 今天能不开车去。　　② 今天不开车能去。
　　③ 今天不能去开车。　　④ 今天不能开车去。

2 (6)～(10)の日本語を中国語（簡体字）に訳しなさい。

(6) 割れやすいものはありませんか。

(7) 私は来年中国へ留学に行くつもりです。

(8) 赤いのがほしいですか、それとも白いのがほしいですか。

(9) 私に新聞を一部ください。

(10) あなたはいつ出発しますか。

第15課　手紙や荷物を送る

Scene 1　手紙を送る　　♪84　♪128（歌ver.）

A：这 封 信 寄 到 日本，
　　Zhè fēng xìn jì dào Rìběn,
　　ジャー フォン シン ジー ダオ リーベン

　　多少　　钱？　　　　　B：两 块 九。
　　duōshao qián?　　　　　　Liǎng kuài jiǔ.
　　ドゥオシャオ チエン？　　　リャン クワイ ジオ

　　超重 了。三 块 六。
　　Chāozhòng le. Sān kuài liù.
　　チャオジョン ラ　サン クワイ リオ

A：要 几 天？　　　　　　B：一 个 星期。
　　Yào jǐ tiān?　　　　　　　Yí ge xīngqī.
　　ヤオ ジー ティエン？　　　イー ガ シンチー

単語　　♪85

- □ 封 fēng　通（手紙を数える）
- □ 信 xìn　手紙
- □ 寄 jì　郵送する
- □ 几天 jǐ tiān　何日間
- □ 一个星期 yí ge xīngqī　一週間

日本語訳

A：この手紙を日本へ送りたいのですがおいくらですか。
B：2.9元です。
　　重さが超過していますね、3.6元です。
A：何日かかりますか。　　B：一週間です。

Point

1. 時間量の言い方

一分钟	yī fēnzhōng	一分間
两个小时	liǎng ge xiǎoshí	二時間
三天	sān tiān	三日間
四个星期	sì ge xīngqī	四週間
五个月	wǔ ge yuè	五ヶ月
六年	liù nián	六年間

時間の量は一般的に動詞の後ろに置きます。

ex 你在上海呆几天？
Nǐ zài Shànghǎi dāi jǐ tiān? あなたは何日間上海に滞在しますか？

--- 呆三天。
Dāi sān tiān. 三日間滞在します。

2. "把"構文

"把"は特定の対象（目的語）を動詞述語の前に引き出し、対象に処置したり、影響を与える構文です。副詞や助動詞などは、"把"の前に置きます。

語順："把"＋目的語＋動詞＋後置成分

ex 我把作业做完了。
Wǒ bǎ zuòyè zuòwán le. 私は宿題をやり終えた。

我还没把作业做完。
Wǒ hái méi bǎ zuòyè zuòwán. 私はまだ宿題をやり終えていない。

你应该把桌子擦干净。
Nǐ yīnggāi bǎ zhuōzi cā gānjìng. あなたはテーブルを綺麗に拭くべきです。

第15課

Scene 2 荷物を送る

🎵 86 🎵 129 (歌 ver.)

A： **往 日本 寄 包裹。**
Wǎng Rìběn jì bāoguǒ.
ワン リーベン ジー バオグオ

B： **包裹 里 有 什么？**
Bāoguǒ li yǒu shénme?
バオグオ リ ヨウ シェンマ？

A： **有 衣服 还 有 书。**
Yǒu yīfu hái yǒu shū.
ヨウ イーフ ハイ ヨウ シュー

B： **航空 的？ 水路 的？**
Hángkōng de? Shuǐlù de?
ハンコン ダ？ シュイルー ダ？

単語
🎵 87

- 往 wǎng　〜に向けて
- 包裹 bāoguǒ　荷物
- 衣服 yīfu　服
- 航空 hángkōng　航空便
- 水路 shuǐlù　船便

日本語訳

A：日本へ荷物を送ります。
B：荷物の中身は何ですか。
A：服があります、あと本があります。
B：航空便ですか、船便ですか。

Point

3．時間の言い方

上星期	shàng xīngqī	先週
这星期	zhè xīngqī	今週
下星期	xià xīngqī	来週
上个月	shàng ge yuè	先月
这个月	zhège yuè	今月
下个月	xià ge yuè	来月
去年	qùnián	去年
今年	jīnnián	今年
明年	míngnián	来年

ex 你什么时候去上海？
Nǐ shénme shíhou qù Shànghǎi? —— あなたはいつ上海に行きますか。

--- 下星期二动身。
Xià xīngqī'èr dòngshēn. —— 来週火曜日に出発します。

第15課

補充例文

◆ 你去哪儿？　　　　　　　　　——我去邮局寄信。

◆ 我想把这个寄到东京。　　　　——请先买一个纸箱。

◆ 你学汉语学了多长时间了？　　——学了半年了。

◆ 我们多长时间没见面了？　　　——快两年了吧。

♪88

補充語句

□ 纸箱 zhǐxiāng　ダンボール
□ 学 xué　学ぶ
□ 多长时间 duō cháng shíjiān　どのぐらいの時間

□ 见面 jiànmiàn　会う
□ 快……了 kuài……le　もうすぐ〜だ

練習問題

1 基礎問題

1 (1)～(5)の中国語の正しいピンイン表記をそれぞれ①～④の中から一つ選びなさい。

(1) 衣服　　① yīfu　　② yīfú　　③ qīfu　　④ qīfú

(2) 见面　　① kènmiàn　　② jiānmiàn　　③ jiànmiàn　　④ qiánmiàn

(3) 包裹　　① bāoguǒ　　② pāokuǒ　　③ hāokuǒ　　④ kāokuǒ

(4) 航空　　① hángkōng　　② hángkū　　③ hángōng　　④ hángcōng

(5) 换车　　① fànchā　　② huànchā　　③ fànchē　　④ huànchē

2 (6)～(10)の日本語の意味になるように空欄を埋める時、最も適当なものを、一つ選びなさい。

(6) この手紙の中には写真が二枚あります。

这（　　）信里有两张照片。

① 封　② 张　③ 条　④ 把

(7) この辞書は王さんに借りたのです。

这本词典是（　　）小王借的。

① 给　② 往　③ 跟　④ 对

(8) 列車で東京まで何時間かかりますか。

坐火车到东京（　　）花多长时间？

① 可以　② 用　③ 要　④ 能

(9) 明日あなたはどこから来る予定ですか。

明天你打算（　　）哪儿来？

① 离　② 到　③ 往　④ 从

(10) 私は携帯電話を失くしてしまった。

我（　　）手机弄丢了。

① 让　② 被　③ 使　④ 把

106

2 実力UP問題

1 (1)～(5)の日本語の意味に合う中国語を、それぞれ①～④の中から一つ選びなさい。

(1) 私は郵便局に手紙を出しに行きます。
① 我去邮局寄信。　　② 我去寄信邮局。
③ 我邮局寄信去。　　④ 我寄信去邮局。

(2) 私は毎日1時間卓球をします。
① 我每天打一个小时乒乓球。　　② 我每天打乒乓球一个小时。
③ 我每天一个小时乒乓球打。　　④ 我每天打一个乒乓球小时。

(3) あのメガネをかけている人は誰ですか。
① 那个人是戴眼镜的谁？　　② 谁是那个戴眼镜的人？
③ 那个谁是戴眼镜的人？　　④ 那个戴眼镜的人是谁？

(4) 私はどこにも行きたくありません。
① 我哪儿不都想去。　　② 哪儿我不想都去。
③ 我哪儿都不想去。　　④ 我都不想去哪儿。

(5) あなたは辞書を携帯すべきだ。
① 你把词典应该带上。　　② 你应该带上把词典。
③ 你词典把应该带上。　　④ 你应该把词典带上。

2 (6)～(10)の日本語を中国語（簡体字）に訳しなさい。

(6) 私は姉が二人います。それから妹も一人います。
　　...

(7) あなたは何日間香港に滞在しますか。　...

(8) 私は宿題をやり終えました。　..

(9) 私は本を持ってきていません。　..

(10) 船便だと一ヶ月かかります。　...

第16課　友達を励ます

Scene 1　試験に失敗した友達を励ます　　🎵 89　🎵 130（歌 ver.）

A：留学　考试　考　砸　了。
　　Liúxué　kǎoshì　kǎo　zá　le.
　　リウシュエ　カオシー　カオ　ザー　ラ

B：没　关系。　慢慢　来。
　　Méi　guānxi.　Mànmàn　lái.
　　メイ　グアンシ　マンマン　ライ

B：别　着急。　有　下次。
　　Bié　zháojí.　Yǒu　xiàcì.
　　ビエ　ジャオジー　ヨウ　シアツー

B：继续　努力。　加油　加油！
　　Jìxù　nǔlì.　Jiāyóu　jiāyóu!
　　ジーシュー　ヌーリ　ジアヨウ　ジアヨウ！

単語　　🎵 90

- 留学 liúxué　留学
- 考试 kǎoshì　試験
- 考砸了 kǎo zá le　失敗した
- 慢慢 mànmàn　ゆっくりと
- 着急 zháojí　慌てる
- 下次 xiàcì　次回
- 继续 jìxù　続けて
- 努力 nǔlì　努力
- 加油 jiāyóu　がんばれ

日本語訳

A：留学試験に失敗しました。
B：大丈夫ですよ。ゆっくりいきましょう。
B：焦らなくても、次があります。
B：続けて努力しましょう。がんばれがんばれ！

Point

1．結果補語

　結果補語は動詞または形容詞からなり、動詞の後ろに置き、動作または変化によって生じた結果や状態を表します。"好"、"懂"、"到"、"在"、"错"、"完"などがあり、否定には"没 méi"を用い、動詞の後ろには"了"をつけません。

> ex　作业做完了吗？
> 　　Zuòyè zuòwán le ma?　　　　　　　宿題をやり終えましたか？
>
> 　　--- 还没做完呢。
> 　　　　Hái méi zuòwán ne.　　　　　　また終えていません。

2．副詞"别"

　"别 bié ＋動詞"で「〜するな」、「やめなさい」の意味で禁止を表します。"不要"búyào で表現することもできます。

> ex　你别去！　　Nǐ bié qù.　　行くな！
> 　　别哭了！　　Bié kū le.　　泣くのをやめて！

第16課

Scene 2　失恋した友達を励ます　🎵91　🎵131 (歌 ver.)

A：**分 手 了。 好 难 过。**
　　Fēnshǒu le.　Hǎo nánguò.
　　フェンショウ　ラ　　ハオ　ナングオ

B：**别 想 太 多， 不 要 紧。**
　　Bié xiǎng tài duō, bú yàojǐn.
　　ビエ　シアン　タイ　ドゥオ　ブー　ヤオジン

B：**你 漂亮， 你 能干。**
　　Nǐ piàoliang, nǐ nénggàn.
　　ニー　ピァオリャン　ニー　ノンガン

B：**一 定 有 更 好 的。**
　　Yídìng yǒu gèng hǎo de.
　　イーディン　ヨウ　グン　ハオ　ダ

単語　🎵92

- 分手 fēnshǒu　別れる
- 难过 nánguò　つらい
- 想 xiǎng　考える
- 不要紧 bú yàojǐn　大丈夫
- 漂亮 piàoliang　綺麗
- 能干 nénggàn　できる
- 一定 yídìng　必ず
- 更 gèng　更に

日本語訳

A：別れました、とても辛いです。
B：あまり考えすぎないで、大丈夫ですよ。
B：あなたはきれいで、仕事もできます。
B：きっともっといい人がいますよ。

Point

3．副詞"一定"

"一定＋動詞・形容詞"「必ず」、「きっと」
"不一定" bù yídìng 「〜とは限らない」

ex　我一定好好儿学习。
　　　Wǒ yídìng hǎohāor xuéxí.　　　　　私は必ずしっかり勉強します。

　　　她不一定来。
　　　Tā bù yídìng lái.　　　　　　　　　彼女は来るとは限らない。

4．副詞"更"

"更"は「いっそう」、「さらに」の意味で、比較文でよく用いられます。

ex　今天比昨天更热。
　　　Jīntiān bǐ zuótiān gèng rè.　　　　今日は昨日よりいっそう暑かった。

　　　哥哥比我高，姐姐比哥哥更高。
　　　Gēge bǐ wǒ gāo, jiějie bǐ gēge gèng gāo.
　　　兄は私より背が高く、姉は兄より更に高い。

比較文の否定文には"没有"が使われ、「〜ほど…ない」の意味になります。

ex　今天没有昨天热。
　　　Jīntiān méiyou zuótiān rè.　　　　今日は昨日ほど熱くない。

また、"A 跟 B 一样〜"で「A は B と(比較して)同じくらい〜」の意味になります。

ex　今天跟昨天一样热。
　　　Jīntiān gēn zuótiān yíyàng rè.　　　今日は昨日と同じくらい熱い。

第16課

補充例文

◆ 大家都支持你。　　　　　——非常感谢。
◆ 我又失败了。　　　　　　——打起精神来！
◆ 你的新发型真漂亮！　　　——谢谢。
◆ 你的汉语比以前更好了。　——你过奖了。

補充語句

♪93

☐ 支持 zhīchí　支持する　　　　☐ 比 bǐ　〜より
☐ 失败 shībài　失敗する　　　　☐ 发型 fàxíng　ヘアスタイル
☐ 精神 jīngshen　元気　　　　　☐ 过奖 guòjiǎng　ほめ過ぎる

練習問題

1 基礎問題

1 (1)〜(5)の中国語で声調の組み合わせが他と異なるものを、それぞれ①〜④の中から一つ選びなさい。

(1) ① 学习　② 着急　③ 门前　④ 课堂

(2) ① 漂亮　② 月亮　③ 告诉　④ 太阳

(3) ① 傍晚　② 电影　③ 过奖　④ 语法

(4) ① 黑板　② 分手　③ 喝水　④ 粉笔

(5) ① 难过　② 前年　③ 回去　④ 拿错

2 (6)〜(10)の日本語の意味になるように空欄を埋める時、最も適当なものを、一つ選びなさい。

(6) 宿題はまだ終えていません。

　　作业还没做（　　）呢。

　　　① 懂　② 光　③ 完　④ 了

(7) 留学試験に失敗しました。

　　留学考试考（　　）了。

　　　① 过　② 砸　③ 好　④ 完

(8) 明日は用事があるので、やはり明後日に行きましょう。

　　明天有事，（　　）后天去吧。

　　　① 但是　② 可是　③ 还是　④ 就是

(9) このコーヒーはあのコーヒーほど美味しくない。

　　这杯咖啡（　　）那杯好喝。

　　　① 比　② 像　③ 没有　④ 不会

(10) がっかりしないで、今度はきっと合格するよ。

　　别灰心，下次你一定会考（　　）的。

　　　① 上　② 完　③ 错　④ 光

112

2 実力UP問題

1 (1)〜(5)の日本語の意味に合う中国語を、それぞれ①〜④の中から一つ選びなさい。

(1) お兄さんは私より5歳年上です。
   ① 哥哥比我五岁大。　　② 哥哥比我大五岁。
   ③ 哥哥大五岁比我。　　④ 我比哥哥大五岁。

(2) 彼女に言わないでください。
   ① 请别说跟她。　　② 请跟她别说。
   ③ 请说别跟她。　　④ 请别跟她说。

(3) 張さんは李さんと同じ背の高さです。
   ① 小李跟小张一样高。　　② 小张跟小李高一样。
   ③ 小张跟小李一样高。　　④ 小李高跟小张一样。

(4) あなたは私よりずっと心が強い。
   ① 你坚强多比我了。　　② 你比我多坚强了。
   ③ 你比我坚强多了。　　④ 我比你坚强多了。

(5) この世に完璧な人はいません。
   ① 世界上十全十美的人没有。　　② 没有人十全十美的世界上。
   ③ 世界上没有十全十美的人。　　④ 世界上人没十全十美的有。

2 (6)〜(10)の日本語を中国語（簡体字）に訳しなさい。

(6) 音楽を聞かないでください。

(7) この本はあの本より面白いです。

(8) あまり考えすぎないで。

(9) 先生の話は聞いて分かりましたか。

(10) みんなあなたを応援しています。がんばれ！

第17課　中国で旧正月を過ごす

Scene 1　中国の春節

🎵 94　🎵 132（歌 ver.）

A：中国　春节　怎么　过？
　　Zhōngguó Chūnjié zěnme guò?
　　ジョングオ チュンジエ ゼンマ グオ？

B：放　鞭炮，　吃　饺子，
　　Fàng biānpào, chī jiǎozi,
　　ファン ビエンパオ チー ジァオズ

　　看　春晚，　打　麻将，
　　kàn chūn-wǎn, dǎ májiàng,
　　カン チュンワン ダー マージャン

　　给　红包，　真　热闹。
　　gěi hóngbāo, zhēn rènao.
　　ゲイ ホンバオ ジェン ルーナオ

単語
🎵 95

- 春节 Chūnjié　春節
- 过 guò　過ごす
- 放 fàng　放つ
- 鞭炮 biānpào　爆竹
- 饺子 jiǎozi　餃子
- 春晚 chūn-wǎn　春节联欢晚会（chūnjié liánhuān wǎnhuì）の略
- 打 dǎ　打つ
- 麻将 májiàng　マージャン
- 红包 hóngbāo　お年玉
- 热闹 rènao　にぎやか

日本語訳

A：中国の春節はどのように過ごしますか。
B：爆竹を鳴らしたり、餃子を食べたり
　　春晚（日本でいう紅白）を見たり、麻雀をしたり、
　　お年玉をあげたりして、とても賑やかですよ。

Point

1. 中国の行事

祝日
- 元旦　　　Yuándàn　　　　1月1日
- 劳动节　　Láodòngjié　　　5月1日
- 儿童节　　Értóngjié　　　　6月1日
- 国庆节　　Guóqìngjié　　　10月1日

旧暦の祝日
- 春节　　　Chūnjié　　　　旧暦1月1日
- 元宵节　　Yuánxiāojié　　旧暦1月15日
- 中秋节　　Zhōngqiūjié　　旧暦8月15日
- 重阳节　　Chóngyángjié　旧暦9月9日

2. 呼応表現一覧

● 如果…就…	もし…なら…	如果后天天气好，我就参加。 明後日天気がよければ参加します。
● 因为…所以…	なぜなら…なので…	因为孩子病了，所以不能过去。 子供が病気になったので行けません。
● 虽然…但是…	…ではあるけれども…	她虽然年纪小，但是胆子不小。 彼女は年齢は若いが勇気がある。
● 只要…就…	…さえすれば…	只要努力学习，就能学好。 一生懸命勉強さえすればマスターできます。
● 只有…才…	…してこそ初めて…	只有父母同意，我才能出国留学。 両親の同意があって初めて海外留学できる。
● 一点儿都/也…	少しも…ない	今天一点儿都不冷。 今日は少しも寒くない。
● 一…就…	…するとすぐ…	我家孩子一回家就看电视。 うちの子は家に帰るとすぐにテレビを見る。
● 越…越…	…であればあるほど…	汉语越学越难。 中国語は学べば学ぶほど難しい。
● 越来越…	ますます…	你越来越漂亮了。 あなたはますます綺麗になった。
● 连…都/也…	…でさえも	这件事连我都知道。 この事は私でさえも知っている。

第17課

Scene 2 乾杯 🎵 96 🎵 133 (歌 ver.)

A：新年 好！
Xīnnián hǎo!
シンニエン ハオ！

B：新年 好！
Xīnnián hǎo!
シンニエン ハオ！

A：饺子 好 了, 来 吃 吧。
Jiǎozi hǎo le, lái chī ba.
ジャオズ ハオ ラ ライ チー バ

B：祝 大家 幸福 快乐！
Zhù dàjiā xìngfú kuàilè!
ジュー ダージア シンフー クアイラ！

B：为 我们 的 友谊 干杯！
Wèi wǒmen de yǒuyì gānbēi!
ウェイ ウォメン ダ ヨウイー ガンベイ！

単語 🎵 97

☐ 新年 xīnnián 新年
☐ 来 lái さぁ
☐ 祝 zhù 祝う
☐ 大家 dàjiā みんな
☐ 幸福 xìngfú 幸せ
☐ 快乐 kuàilè 楽しみ
☐ 为 wèi 〜のために
☐ 友谊 yǒuyì 友誼

日本語訳

A：明けましておめでとう！　　B：明けましておめでとう！
A：餃子ができましたよ。さぁ食べましょう。
B：みんなが幸せで楽しくありますように！
　　私たちの友誼に乾杯！

Point

3. 祝福の言葉

周末愉快！	Zhōumò yúkuài!	良い週末を！
恭喜发财！	Gōngxǐ fācái!	お金儲けができますように！
祝贺你！	Zhùhè nǐ!	おめでとうございます！
祝你生日快乐！	Zhù nǐ shēngrì kuàilè!	お誕生日おめでとうございます！
祝你身体健康！	Zhù nǐ shēntǐ jiànkāng!	ご健康をお祈りします！
祝你一路平安！	Zhù nǐ yílù píng'ān!	道中ご無事で！

補充例文

◆ 你春节回老家过年吗？　　　　——下周动身。

◆ 你们那儿大年夜怎么过？　　　——一边看春晚，一边吃火锅。

◆ 让我们一起庆祝新年吧！　　　——干杯！

◆ 祝大家万事如意，干杯！　　　——干杯！

補充語句

□ 回 huí　帰る、戻る
□ 动身 dòngshēn　出発する
□ 一边……一边 yìbiān……yìbiān　～しながら～する
□ 让 ràng　（～に～）させる（使役を表す）
□ 万事如意 wànshì-rúyì　全てが思い通りになる
□ 老家 lǎojiā　実家、故郷
□ 大年夜 dàniányè　大晦日の夜
□ 火锅 huǒguō　鍋料理
□ 庆祝 qìngzhù　祝う

練習問題

1 基礎問題

1 (1)～(5)の中国語と声調の組み合わせが同じものを、それぞれ①～④の中から一つ選びなさい。

(1) 火锅　　① 可能　　② 打开　　③ 法国　　④ 晚饭

(2) 庆祝　　① 大家　　② 可是　　③ 恋爱　　④ 相机

(3) 时间　　① 前年　　② 昨天　　③ 冰箱　　④ 名字

(4) 新年　　① 学习　　② 说话　　③ 老人　　④ 工人

(5) 幸福　　① 做饭　　② 地球　　③ 难看　　④ 红茶

2 (6)～(10)の日本語の意味になるように空欄を埋める時、最も適当なものを、一つ選びなさい。

(6) 天気さえよければ行きます。

　　（　　）天气好，我（　　）去。

　　　① 只要…就　　② 因为…所以　　③ 虽然…但是　　④ 只有…才

(7) お仕事が順調でありますように。

　　（　　）大家工作顺利。

　　　① 为　　② 请　　③ 祝　　④ 看

(8) 春節を過ごすために故郷へ帰りますか。

　　（　　）春节你回老家吗？

　　　① 度　　② 过　　③ 放　　④ 开

(9) 今日はどうして学校に行かないのですか。

　　今天（　　）不去上学？

　　　① 什么　　② 怎么　　③ 怎么样　　④ 怎么了

(10) 九州のどこかに行ったことがありますか。

　　你去（　　）九州的（　　）地方吗？

　　　① 过…什么　　② 过…那么　　③ 了…怎么　　④ 了…什么

2 実力UP問題

1 (1)～(5)の日本語の意味に合う中国語を、それぞれ①～④を並べ替えたとき、[　　]内に入るものを選びなさい。

(1) 映画さえもインターネットで見ることができます。

　　____　____　[　　　]　____　在网上看。
　　　① 都　　② 连　　③ 电影　　④ 可以

(2) 医者がお酒を飲ませてくれません。

　　医生 ____　[　　　]　____　____。
　　　① 喝酒　　② 我　　③ 让　　④ 不

(3) 彼は中国に行ってもう2年になりました。

　　他去 ____　[　　　]　____　____。
　　　① 中国　　② 已经　　③ 了　　④ 两年

(4) 私はちっとも怖くない。

　　我 ____　[　　　]　____　____。
　　　① 怕　　② 一点儿　　③ 不　　④ 都

(5) 中国語は学べば学ぶほど面白い。

　　汉语 ____　[　　　]　____　____。
　　　① 学　　② 越　　③ 有意思　　④ 越

2 (6)～(10)の日本語を中国語（簡体字）に訳しなさい。

(6) 私は家に帰るとすぐ寝る。

(7) 皆さんのご健康を願って乾杯！

(8) 中国人は麻雀をするのが好きだそうです。

(9) 私の家に来てご飯を食べましょう。

(10) 私たちの友誼に乾杯！

歌おう♪ クリスマスソング

《平安 夜》きよしこの夜
Píng'ān yè
ピンアン イェ

🎵99

平安　夜，圣善　夜！
Píng'ān yè, shèngshàn yè!
ピンアン　イェ　ションシャン　イェ

万暗　中，光华　射，
Wàn'àn zhōng, guānghuá shè,
ワンアン　ジョン　グァンフア　シャー

照着　圣母　也
zhàozhe Shèngmǔ yě
ジャオジャ　ションム　イェ

照着　圣婴，
zhàozhe shèngyīng,
ジャオジャ　ションイン

多少　慈详　也
duōshǎo cíxiáng yě
ドゥオシャオ　ツーシアン　イェ

多少　天真，
duōshǎo tiānzhēn,
ドゥオシャオ　ティエンジェン

静　享　天　赐　安眠
jìng xiǎng tiān cì ānmián
ジン　シアン　ティエン　ツー　アンミエン

静　享　天　赐　安眠。
jìng xiǎng tiān cì ānmián
ジン　シアン　ティエン　ツー　アンミエン

平安 夜，圣善 夜！
píng'ān　　ye　　shèngshàn　　yè
ピンアン　　イエ、　ションシャン　　イエ

牧羊人　　在　　旷野，
mùyángrén　　zài　　kuàngyě,
ムーヤンレン　　ザイ　　クァンイエ

忽然　看见　了
hūrán　kànjian　le
フーラン　カンジェン　ラ

天上　　光华，
tiānshàng　guānghuá,
ティエンシャン　グァンホァ

听见　　天军　　唱
tīngjian　tiānjūn　chàng
ティンジェン　ティエンジュン　チャン

哈利路亚，
hālìlùyà,
ハレルヤ

救主　今夜　降生，
jiùzhǔ　jīnyè　jiàngshēng
ジォジュ　ジンイエ　ジァンション

救主　今夜　降生！
jiùzhǔ　jīnyè　jiàngshēng!
ジォジュ　ジンイエ　ジァンション

平安 夜，圣善 夜！
píng'ān yè shèngshàn yè!
ピンアン イエ、 ションシャン イエ！

神子 爱，光 皎洁，
shénzǐ ài guāng jiǎojié,
シェンズ アイ、 グァン ジャオジエ

救赎 宏恩 的 黎明 来到，
jiùshú hóng'ēn de límíng láidào,
ジョシュー ホンウン ダ リーミン ライダオ

圣容 发出 来
shèngróng fāchū lái
ションロン ファチュ ライ

荣光 普照，
róngguāng pǔzhào,
ロングァン プージャオ

耶稣 我主 降生，
Yēsū wǒzhǔ jiàngshēng,
イエス ウォジュ ジャンション

耶稣 我主 降生！
Yēsū wǒzhǔ jiàngshēng!
イエス ウォジュ ジャンション

阿门
āmen
アーメン

《我们 祝 你 圣诞 快乐》 ♪100
Wǒmen zhù nǐ shèngdàn kuàilè
ウォメン ジュー ニー ションダン クァイラー

WE WISH YOU A MERRY CHRISTMAS

※

我们 祝 你 圣诞 快乐！
Wǒmen zhù nǐ shèngdàn kuàilè!
ウォメン ジュー ニー ションダン クァイラー

我们 祝 你 圣诞 快乐！
Wǒmen zhù nǐ shèngdàn kuàilè!
ウォメン ジュー ニー ションダン クァイラー

我们 祝 你 圣诞 快乐！
Wǒmen zhù nǐ shèngdàn kuàilè!
ウォメン ジュー ニー ションダン クァイラー

祝 你 新年 快乐！
Zhù nǐ xīnnián kuàilè!
ジュー ニー シンニエン クァイラー

※くりかえし

把 星星 带到 每 一个 角落
Bǎ xīngxīng dàidao měi yíge jiǎoluò
バー シンシン ダイダオ メイ イーガ ジアオルオ

把 新年 的 心绪 带给 你们 和 我
Bǎ xīnnián de xīnxù dàigěi nǐmen hé wǒ
バー シンニエン ダ シンシュ ダイゲイ ニーメン フー ウォ

※くりかえし
※くりかえし

著　者

山田留里子（関東学院大学人間共生学部教授）
長野由季（㈱ヒューマンサービス中国語講座楽学講師）
賀南（名桜大学リベラルアーツ機構上級准教授）

歌：石井英恵
曲：石井健太郎

歌で覚える中国語 〈MP3対応 CD-ROM付〉

2016. 4. 1　初版発行
2019. 4. 1　初版２刷発行

発行者　井 田 洋 二

発行所　〒101-0062　東京都千代田区神田駿河台３の７
　　　　電話　東京03（3291）1676　FAX 03（3291）1675
　　　　振替　00190-3-56669番
　　　　E-mail：edit@e-surugadai.com
　　　　URL：http://www.e-surugadai.com

株式会社　駿河台出版社

組版・印刷・製本／フォレスト

ISBN 978-4-411-03102-0 C1087 ¥2300E